東京古民家カフェ日和

40 Tokyo Old House Cafes

時間を旅する40軒

川口葉子

世界文化社

はじめに

近年、老朽化して空き家になった建物が次々に再生されて魅力的なカフェに変身し、多くの人を惹きつけています。

古民家カフェの屋根の下には、建てられた当時のゆるやかな時間の流れがまだ音楽の残響のように漂っていて、訪れる人々は無意識のうちにその豊かな残響に耳を傾け、日常から少し離れたひとときを楽しんでいるのかもしれません。

変化の激しい東京の街角に、よくこんな古い建物が残っていたものだ——そう感心することも少なくないのですが、本書の取材を通じて、それらは「残った」のではなく「残した」のだと知りました。

土地の歴史、家族の記憶が刻まれた大切な建物をなんとか残して次の世代に伝えようと懸命になった人々がいたからこそ、古民家は解体を免れてカフェに生まれ変わることができたのです。

古民家カフェとは

一般的には築五十年以上の家が古民家と呼ばれます。その根拠は、文化庁が登録有形文化財の登録基準を「建築後五十年を経過した建造物」

協力／一般社団法人全国古民家再生協会

と定めているため。
お話をうかがった全国古民家再生協会では、古民家を「一九五〇年以前に、伝統的構法*で建てられた家」と定義していました。一九五〇年に建築基準法が制定されて以来、伝統的構法はしだいに衰退し、もはや築五十年になる家でも在来工法で建てられているのだそうです。

本書ではそれらをふまえつつ、古民家カフェを「築五十年以上の建物を転用・再生したカフェ」と定義しました。転用、つまり本来は違う目的で造られた古い建物に価値を見出し、カフェとして新たな生命を吹き込むこと。

同じ東京都内でも東と西では土地の性格が異なり、古民家カフェもまた違う表情を湛《たた》えています。長屋や材木倉庫を改修した23区内のカフェ。養蚕農家や織物工場を改修した多摩地域のカフェ。それぞれ下町の風景、里山の風景が目に浮かんできませんか。

本書でご紹介する東西四十軒の中に興味を惹かれるカフェがあったら、ぜひ足を運んでみてくださいね。人が訪れることで古民家はさらに磨かれ、輝きを増していきます。あなたのお気に入りの一軒で、心おだやかな喫茶時間が過ごせますように。

川口葉子

＊伝統的構法：木の特性を活かして、釘などの金物を使わずに柱や梁の木組みをおこなう日本古来の軸組構法

もくじ

第1章 路地に残る家 ～23区内の古民家カフェ～

東の路地

第2章 街道沿いの家、森に包まれた家 ～東京都下の古民家カフェ～

西の路地

＊本書に掲載された情報は、2019年2月現在のものです。
情報は変更されることがありますので、お出かけの際は
各カフェの公式サイト、SNSなどをご確認ください。
＊本書で紹介するメニューの価格の税込・税別は、
各「menu」欄をご参照ください。
＊「menu」欄の「珈琲」「コーヒー」の表記は、
お店に従っています。
＊ラストオーダー（LO）は閉店時間と異なる場合が
ございます。

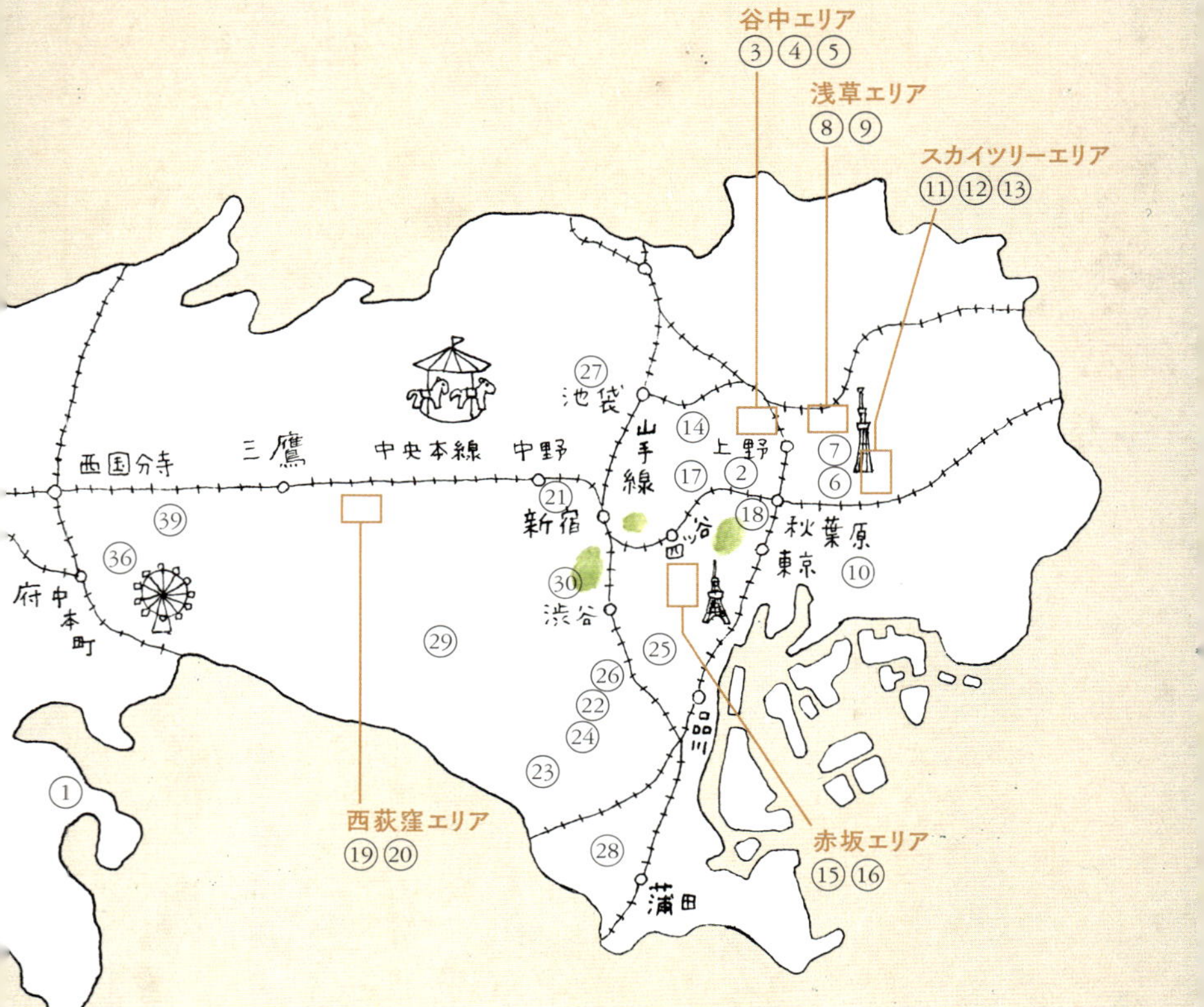

谷中エリア
③④⑤
浅草エリア
⑧⑨
スカイツリーエリア
⑪⑫⑬
池袋
山手線
上野
西国分寺
三鷹
中央本線
中野
新宿
秋葉原
東京
四ッ谷
渋谷
府中本町
品川
蒲田
西荻窪エリア
⑲⑳
赤坂エリア
⑮⑯

MAP

東京古民家カフェ

1

旧白洲邸 武相荘

白洲次郎・正子の美意識に貫かれた茅葺き屋根の家

町田

白洲ファミリーが暮らした茅葺き屋根の母屋はミュージアムとして公開されている

白洲次郎・正子夫妻が暮らした古民家「武相荘」は、竹林や樹の花に彩られた情趣に富んだ丘の上にある。ブアイソウとは、武蔵の国と相模の国の境に位置することと無愛想をかけた、次郎一流の洒落だという。

ケンブリッジ大学留学時代に英国ダンディズムを身につけ、敗戦後の日本でGHQと対等に渡りあった次郎。数々の随筆に〈気品と邪険〉（松岡正剛）を香らせた、目利きの正子。昭和の時代に独自の美意識を貫いて生きた白洲夫妻の暮らしは、現代の古民家再生スタイルの素晴らしいお手本でもある。

母屋は幕末期に建てられた養蚕農家。東京が初空襲を受けた翌年の一九四三年、都心から白洲夫妻が子どもたちを連れて引っ越してきたときは茅葺《かやぶ》き屋根から雨が漏り、床が抜けているありさまだったという。

「百年以上も経た家は荒れはてていたが、さすがに土台や建具はしっかりしており、長年の煤《すす》に黒光りがして、戸棚もふすまもいい味になっていた。私はまず大黒柱を磨くことからはじめた」（『鶴川日記』白洲正子）

右／武相荘を訪れた河上徹太郎や小林秀雄らもここでお酒を楽しんだだろうか。想像が膨らむ
左／ミュージアムの展示品の数々は季節ごとに替えられ、往年の夫婦の暮らしを伝える

左ページ
右／白洲夫妻の美意識で選ばれた調度品の数々に目を奪われる
左／書斎はついさっきまで白洲正子が座っていたかのような佇まい

近隣の人々の協力を得て屋根の葺き替えをおこない、元の建物の良さを活かしながら審美眼にかなう家具を配していった正子は、「百年以上も住み慣れた農家には、土に根が生えたような落着きがあり…（中略）そういうものは一朝一夕で育つはずがないことを、住んでみて私ははじめて実感した」と綴っている。

夫妻亡き後、その母屋をミュージアムとして第二のリノベーションをおこない、二〇〇一年に一般公開をスタートしたのは夫妻の長女である牧山桂子さんと夫の牧山圭男さん。さらに二〇一四年には次郎の工作室と子ども部屋として使われていた蚕《かいこ》部屋を改装し、料理人が腕をふるう本格的なカフェレストランとしてオープンさせた。

「家は住んでないと、カサカサになってどんどん駄目になっていく」と、圭男さんは語る。

「出版社の人々や正子の熱心なファンが『取り壊すのはもったいない』と言ってくれたこともあり、ミュージアムとして公開したのが十八年前。季節ごとに繰り返し訪れてくださるファンが多いが、かつてここに次郎がいた、正子がいたというだけではつまらないと思ってレストランを作ったのです。武相荘には彼らの一風変わった生きかたと暮らしがありました。暮らしがあるところには食事がある。訪れた方々にも食事を楽しみながら充実した時間を過ごしていただきたい」

メニューはいずれも白洲夫妻ゆかりの料理。正子はせいぜいトーストを焼く程度の料理しかしなかったが、桂子さんは夫や味にうるさい両親のリクエストに応えてプロも顔負けの料理を作っておられ、ここでもメニューの監修にあたった。

「時折朝、母から猫なで声で『トゥーラちゃん*、ちらしずし』と電話がありました」(『白洲次郎・正子の食卓』牧山桂子)

ランチにいただけるカレーは、正子の兄がシンガポールで食べて気に入り、わざわざ作りかたを教わってきたというレシピに基づいている。

「玉ネギ、ジャガイモ、ニンジン、セロリ、リンゴを一時間以上炒めて甘みを引き出し、水を加えてコトコト煮込みます。使うスパイスはカルダモンやクミン、ターメ

左／かつての穀物倉を白洲夫妻の他界後にバーとして改装。次郎ゆかりの品々を展示している
下／ガレージはカフェとして利用可能。80歳になるまでポルシェを乗り回した次郎の愛車を展示

＊トゥーラちゃんは桂子さんの愛称

左／1階天井を取り払って吹き抜けにしたカフェレストラン内部
下／「武相荘の海老カレー」（2,100円）と「武相荘のどら焼き」（1,000円）

リックなど約十種類」と、シェフが教えてくれた。こんもり添えられたキャベツの千切りは、野菜嫌いの次郎になんとか野菜を食べさせようとして定番になったのだという。

「次郎は甘いものが大好きで、和洋関係なく、食後にどら焼きやまんじゅうやアイスクリームなどをバクバク食べていました」

厨房で作るどら焼きの皮には、次郎が農機具などに押していた〈武相荘〉の焼印が押してある。国産小豆を炊いたあんも、もちろん自家製。次郎にならって食後にぜひどうぞ。

「正子はよく『日本文化は豊かな四季に育まれたものだから、自然とマッチして固有の文化になっている』と言っていました」と圭男さんは回想する。武相荘で特にお好きな季節はありますか？

「四季それぞれにいいけれど、あえて言うなら新緑の季節。庭の『鈴鹿峠』の石碑のところに紅葉がありますが、あのきれいな色は枯れる間際、死に際みたいな感じがある。そう思うと、緑が青々と茂る五月から七月頃は勢いがあっていいですね」

茅葺き屋根の維持には大変な費用がかかる。次郎の死後に子どもたちが母屋を瓦《かわら》葺きに変えようとしたことがあったが、正子が憤然として「私が生きているうちは茅葺きにしてちょうだい」と言い切った。

「苔が生えてきた茅葺き屋根は、見た目には美しいけれども、劣化が始まっている証拠。茅に油っ気があるうちは水をはじいてくれる。劣化してくると水気を吸って虫が棲《す》むようになり、鳥が来て虫をついばんで穴が開いて、そこから屋根が駄目になっていくんです」

いま緑の中に輝いている屋根は、二〇〇六年末から翌年にかけて京都・美山の職人に依頼して葺き替えをおこなったもの。その見事な屋根の下に、正子の書斎も次郎が腰を下ろしたソファも大切に保存されている。本に埋もれそうな書斎の机を眺めていると、万年筆を走らせる正子の〈気品と邪険〉がにじむ背中が見えてくるようだ。

カフェレストランに顔をのぞかせた桂子さんに、いまもお料理をなさるのですかと訊ねてみた。

「朝昼晩していますよ。母親を反面教師として育ったから（笑）」

とはいえ、ものを見分ける目の確かさ、人生の楽しみかたはきっとご両親譲り。白洲家の人々が激動の時代に毅然として生きられたのは、この家が日々の暮らしをどっしりと支えていたからではないだろうか。

カフェレストランの建物はかつての蚕部屋

● menu（税別）
珈琲　600円
紅茶　600円
チーズケーキ
1,000円
イタリア産プロシュート
1,000円
次郎の親子丼
2,100円

● きゅうしらすてい　ぶあいそう
東京都町田市能ヶ谷7-3-2
042-708-8633　＊Museum入場料1,050円
11:00〜17:00（Lunch LO 15:00/Cafe LO 16:30）
Dinner 18:00〜（LO 20:00）要予約
Museum 10:00〜17:00（入館は16:30まで）
月休（祝日は営業）、夏季・冬季休あり
小田急線「鶴川」駅より徒歩15分

第1章

路地に残る家

下町の路地に残る長屋や、花街の残り香が漂う一軒家、水路に面した木材倉庫など、23区内に残る古民家カフェをご紹介します。仏間や神棚など、家の中に祈りの空間があった時代の記憶を探すのも楽しみのひとつ。

右／平野氏は「古く美しいものは美しく、新しくすべきものは新しく」という方針で、近年バカラのランプを加えた
中／黒ずんだ木札が材木商としての歴史を伝える
左／窓の外はすぐ神田明神。欄干は神社仏閣を思わせる格調高い意匠

2

CAFE IMASA

江戸から続く裕福な材木商の暮らしと文化をしのんで

神田

神田明神の境内に隣接する公園に、不思議なオーラをまとう黒い家が立っている。優れた防火性をもつ江戸黒漆喰《しっくい》を外壁に塗り込んだ、千代田区有形文化財「遠藤家旧店舗・住宅主屋」である。

嬉しいことに、枝垂れ桜のそよぐ庭先と一階の一部がカフェとして公開されている。江戸時代から連綿と続いてきた大店《おおだな》の粋を偲《しの》びながら甘いものを頬張るひととき、断絶したかに見える古《いにしえ》の豊かな文化がこの家で再び現代と地続きになろうとしているのが感じられる。

冠木門《かぶきもん》を通って玄関前に立つと、風格ある「井政」の看板と目が合う。これが屋号。遠藤家は鎌倉材木座の材木商で、徳川家康が江戸城を普請《ふしん》する際に呼び寄せられて神田に移り住んだのだった。

左／渋い色調の外観。先代の遠藤達藏氏は着物も黒や焦げ茶などの渋好みだったという。されど外出時の羽織の裏地は派手だという江戸っ子の粋

井政

カフェとして楽しめるのは店の土間と帳場を復元した部分と、その西側の和室である。屋久杉の素晴らしい杢目《もくめ》をいかした建具や更紗《さらさ》を張った建具、欄間など、細やかで手の込んだ造作に見入ってしまう。

じつはこの家、一九六四年の東京オリンピックを節目として時間と空間の旅を重ねている。元の店舗があったのは、鎌倉河岸《がし》と呼ばれた日本橋川のほとりの材木荷揚げ場（現在の内神田）。一帯は関東大震災で甚大な被害を受けたため、遠藤家は三年の月日をかけて建て直しをおこない、一九二七年にこの建物を完成させたのだった。現在では入手不可能な銘木を贅沢に使い、江戸の伝統技術を受け継いだ職人たちが腕によりをかけた。

幸運にも東京大空襲を免れた遠藤家だが、東京オリンピックと高度経済成長が街をすっかり変貌させてしまう。周辺は次々にコンクリートのビルに建て替えられていき、この建物は一九七二年、当時の資材置き場があった府中に移築されたのである。

神田の家で生まれ育った先代・遠藤達蔵氏は、神田明神の氏子総代をつとめた深い縁もあり、いつか家を

上部が弧を描く「火灯口《かとうぐち》」は胡麻竹で縁取られている

スイーツセット（800円）

左／カフェとして利用できるのは「店」の手前。敷き瓦《がわら》をイメージした左官仕上げの土間

材木商協同組合員

神田に戻して後世に残したいと願ってやまなかったそうだ。

遺志が叶ったのは二〇〇八年のこと。長女・平野徳子氏らの尽力によって建物が千代田区の有形文化財に指定され、神田明神の隣に移築されたのだった。平野氏は家と家族の記憶をこう語っている。

「いま思えば父も祖父も、江戸を感じさせる人たちでした。年表ではここまでが江戸時代、ここからが明治時代ときっぱり区切ることができても、人の暮らしはそうはなりませんから、江戸時代から積み重ねてきた情緒や風情、さまざまな慣習などはそのまま受け継いでいたのだと思います。そのような流れがあの家には確かにありました」

大切な家の再移築を手がけたのは、数寄屋建築の名手として知られる京都の「中村外二工務店」である。

「遠藤家の調度品や美術品はここで昔通りに展示しています」と、建物を管理するNPO法人のかたが教えてくれた。

「古い家と共に江戸の文化をいかに受け継いでいくかを主眼としていますので、折々の伝統行事も大切にしたいと思っています」

見学予約が必要な茶室や二階の和室を案内していただいた。障子越しの茫洋《ぼうよう》とした光。深い陰に沈んでいる紫檀《したん》の棚。船底天井や、杉粉板を編んだ天井、霧島杉と屋久杉を交互に張った竿縁《さおぶち》天井など、気品漂う造作の数々は見飽きることがない。

「日本の木材は桑も桐も、湿気の多いときには膨らみ、乾燥すると縮みます。そういう生きた木の性質をふまえながら日々、家や家具を良い状

上／2階の広間は端正なしつらい。床柱《とこばしら》には京都・北山杉の天然絞丸太を用いている
左／茶室には遠藤家の家紋である撫子《なでしこ》をあしらった欄間がある。袋棚には遠藤達藏氏の半纏《はんてん》の裂地《きれじ》を張って

木漏れ日が揺れる2階の窓辺

● menu（税込）

コーヒー　600円
レモネード　600円
ジャスミンティー　600円
ミントティー
（ポットサービス）　700円
スイーツセット
（ポットサービス）　900円

● かふぇ いまさ

東京都千代田区外神田2-16
宮本公園内（神田明神となり）
NPO法人 神田の家「井政」
（将門塚保存会会長旧宅）
03-3255-3565　11:00〜16:00
不定休　※訪問前に公式サイトで営業日の確認を
JR・東京メトロ「御茶ノ水」駅より徒歩5分

態に保つ努力をしてきました。紫檀や黒檀のような唐木は硬いので、歳月が経つとばらけてきます。この紫檀の棚も何度か締め直しをしているんですが、最近はそういうことができる職人さんがいなくなって……」

　ともあれ、二度目のオリンピックをひかえて東京の再開発が進むこの時期に、江戸の余香を漂わせる貴重な家が甦《よみがえ》った意義は大きい。

「文化云々と言うと難しく聞こえますが、日常生活や自然の中に神様や仏様がいて、素直に手を合わせていた私たちの祖先の暮らしを、木の香りの中でくつろぎながら感じていただけたらと思います」

　新春には江戸町火消しの技を伝える行事を催し、家の前で鳶頭衆《とびがしらしゅう》が木遣《きや》り唄や梯子《はしご》乗りを披露するそうだ。これは見物に行かなくては。

谷中

3

上野桜木あたり

昭和初期の家が三軒寄り添う複合施設

花の雲鐘は上野か浅草か——この有名な芭蕉の句にある「上野」とは寛永寺のこと。満開の桜が雲のようにたなびく空。春の大気をふるわせる鐘の音。

三軒の古民家を再生した「上野桜木あたり」は、寛永寺からのんびり歩いて五分ほどの場所にある。一九三八年築の木造二階建て住宅は、緑揺れる中庭をはさんで三軒並

2号棟。手前は世界各国のオリーブオイルや塩が並ぶおしおりーぶ、奥はVANER

右上／VANERの作業場はガラス張りで、お客さまの目の前でパン作りがおこなわれる
右下／おしおりーぶの「オリーブ・ラテ」（600円）とVANERのクロワッサン（500円）を中庭で楽しむ
左上／サワードウのカンパーニュやカルダモンロールが好評
左下／焼きたてパンの香りに誘われて……

んでおり、一軒だけでは実現しない昭和の路地の風景も甦っているのがなんとも素敵なのだ。

冬になると路地に並ぶ火鉢に灰が入り、炭がおこされる。その火鉢で一号棟のクラフトビールのお店「谷中ビアホール」のおつまみを炙《あぶ》って楽しむこともできる。まあ懐かしい、そう言って顔をほころばせる年配のお客さまもいるという。

「周辺には古い家がたくさん残っているのですが、維持管理が大変なので三代目が受け継ぐときに取り壊して駐車場にしてしまうことが多いと聞きました」と、谷中ビアホールを手がける吉田瞳さん。

この三軒を所有する塚越商事も一時、駐車場化を検討していたが、NPO法人たいとう歴史都市研究会や上野にある東京藝術大学の人々、地

上／谷中ビアホール店内
右／谷中ビアホールの壁には、改装時に畳の下から出てきた昭和 30 年代の新聞が飾られている
左／「谷中ビール」（600 円）と、豊洲市場や築地場外市場から食材を仕入れるおつまみセット（750 円）。ランチの「やなポリタン」をはじめ、うどんやカレーなども人気

域の人々の協力を受け、二〇一五年、街に開かれた気軽に立ち寄れる場所として再生させたのだった。

建物の傾いた部分をジャッキで持ち上げるなどして、一年半をかけて改修がおこなわれた。路地と庭でつながる二号棟には、世界各国の塩とオリーブオイルが並ぶ専門店「おしおりーぶ」と、北欧のベーカリーで修業した店主がノルウェー産小麦でパンを作る「VANER《ヴァーネル》」が入居。かつて大家さんが住まい、茶室も造られていた三号棟は共用スペースとして、イベントや交流会、お茶会に活用されている。

「この棟は最後の数年間はシェアハウスになり、外国人も含めて数名が生活していたそうです。『以前ここに住んでいました』と言って、ニューヨークから女性が来店したこともあ

上／１号棟から３号棟まで、いずれも親しみやすい雰囲気。老若男女が訪れている
右／１号棟２階の和室

るんですよ。日本文化に惹かれていたそうです」

吉田さんは建築当時の面影が漂う階段を上り、二階の窓から中庭を見下ろすのが好きだという。視界の隅から隅まで昭和さながらの懐かしい風景がひろがるから。たちのぼるクラフトビールの泡ごしに、花曇りの空に響きわたる寛永寺の鐘の音を想像してみよう。

● menu
〈やなかびあほーる〉税別
谷中ビール　600円
やなポリタン　900円
〈おしおりーぶ〉税込
コーヒー　400円
オリーブ・ティー　600円
〈ゔぁーねる〉税込
サワードウ　ブレッド　ハーフ　650円
サワードウ　シナモンロール　300円

● うえのさくらぎあたり
東京都台東区上野桜木
2-15-6 あたり
〈やなかびあほーる〉03-5834-2381
10:30〜20:30(LO 20:00)
月のみ11:00〜15:00
不定休
〈おしおりーぶ〉03-5834-2711
10:30〜19:00
月休(祝日の場合は翌火休)
〈ゔぁーねる〉
9:00〜18:00/月・火休
東京メトロ「根津」「千駄木」駅
より徒歩10分

4

HAGI CAFE

アートの力で再生された カフェが路地に 未来を呼び込む

谷中

由緒ある寺院の屋根が連なる寺町、谷中を歩いていると、境内の猫を撮影しながら路地歩きを楽しむ人の姿を見かける。

秋になると萩が咲き誇り、萩寺の愛称で親しまれる宗林寺。その境内に隣接する「HAGISO」は、一九五五年築の木造アパート「萩荘」を再生した小さな文化複合施設だ。

黒塗りの外観が目を引く二階建て。一階はカフェとギャラリー、二階は幾つかの部屋に分かれており、その一室にはHAGISOがプロデュースする谷中のユニークなホテル「hanare」のレセプションも置かれている。

HAGISOの視線はこのアパート

左／入口には往年の萩荘の看板が残されている
下／アート展の作品が残された一角

のみにとどまらず谷中全体を見つめており、ホテルもあえてひとつの建物内に完結させることをしない。街そのものを大きなホテルに見立てて地域と一体化し、大浴場は街の銭湯へ、朝食はHAGISO内のカフェへ、昼食や夕食は街のおいしい飲食店へと、ゲストが谷中の日常を体験できるよう意図されているのだ。

朝のHAGI CAFEでは宿泊者と地元の人、散歩に訪れた人々が入り交じって朝食を楽しんでいる。素敵な光景だ。和定食のテーマは「旅する朝食」。季節ごとにスタッフが各地の生産者のもとに赴き、その土地のおいしい食材で朝食を組み立てる。

ある年の冬には島根県産のお米や味噌、漬物などを提供し、海外からのゲストがその味わいに感激して次の来日時に島根県を訪れるというご

右／1階のHAGI CAFEは街歩きのひとやすみにもぴったり
上／オープン当初からの定番メニュー、サバサンド（787円）は、からりと揚がった鯖と、塩漬けレモンの組み合わせ

縁が生まれたという。また、この朝食がきっかけとなり、生産者と食べる人をつなぐ食堂「TAYORI」も谷中三丁目に誕生している。

素晴らしい取り組みの数々が注目を集めるHAGISOだが、元は二〇一一年の東日本大震災後に解体されることになった老朽アパートだったというのが興味深い。

それを救ったのは、二〇〇四年から萩荘をシェアハウスとして使っていた東京藝術大学の学生やアーティストたちだった。失われていく下町の風景を惜しんだ彼らは萩荘全体を使って作品展を開催し、その大盛況を受けて解体計画が一転、再生への道を歩み出すことになったのだ。街に寄せる愛情とアートが未来を拓《ひら》いた、かけがえのない場所だと思う。

階段の踊り場には谷中で催されるイベントの案内が置かれ、街のコンシェルジュの役目も果たしている

上／萩荘の住人だった宮崎晃吉さんが率いる「HAGI STUDIO」がリノベーションをおこない、2013年に誕生したHAGISO
下／吹き抜けの高い天井をもつ1階ギャラリー

● menu（税別）
HAGISOオリジナルブレンド　463円
カフェ・オ・レ　528円
HAGISOパフェ　889円
旅する朝食　定食（ドリンク付）　800円
半熟玉子のキーマカレー　880円

● はぎ かふぇ
東京都台東区谷中3-10-25
03-5832-9808
8:00〜10:30、12:00〜21:00
不定休（臨時休業あり）
東京メトロ「千駄木」駅より徒歩5分

5 カヤバ珈琲

谷中の街角のランドマークは築百年以上の町家

谷中

2階はお座敷

特徴ある扉は額縁店が制作したという

昔のカヤバ珈琲店は二人のおばあさんが切り盛りしていたのを覚えている。久しぶりに訪れると扉が固く閉ざされており、店主が亡くなったと知って立ちすくんだ。

大正時代の貴重な町家で七十年にわたって営まれてきた、街の宝物のような喫茶店。それが消滅してしまうなんて——と、おそらくたくさんの人が閉店を惜しんだはずだ。

復活のために協力してプロジェクトを立ち上げたのがNPO法人たいとう歴史都市研究会と、谷中の銭湯を改装したギャラリー、SCAI THE BATHHOUSEである。建築家の永山祐子氏がリノベーションを担当し、閉店から三年後の二〇〇九年に待望の復活を果たしたのだった。

変わらぬ外観は寄棟造りの二階建て。軒を大きく張り出した重厚な構

左／歴史ある空間を楽しもうと、休日には多くの人が待ち行列を作る
下／創業当時からの人気メニューを復刻。榧場氏が考案したオリジナルドリンク「ルシアン」(500円)はコーヒーとココアを半分ずつ合わせた温かい飲みもの。ふわふわの厚焼き玉子をはさんだ、たまごサンド (500円)

● menu（税込）
コーヒー　450円
エスプレッソ　250円
あんみつ(お茶付)　700円
野菜サンド　500円
ランチセット　ハヤシライス　1,000円

● かやばこーひー
東京都台東区谷中6-1-29
03-3823-3545
8:00〜21:00(日は〜18:00)
年末年始休
東京メトロ「根津」駅より徒歩10分

えは、江戸時代から関東大震災に至るまで関東地方の商家によく見られた出桁《だしげた》造りである。一九一六年の建設以来、ここでミルクホール、かき氷・あんみつ店などが営まれてきたが、一九三八年に榧場《かやば》伊之助氏がカヤバ珈琲店として扉を洋風に替え、妻と娘にお店をまかせたのだという。

甦った「カヤバ珈琲」は、大正建築と昭和喫茶の風情を大切に保存しながら平成のスパイスを加えている。往年のままの椅子に腰を下ろしたら、黒いガラス張りの鏡のような天井が店内を映しながら二階を透かしているのを見上げてほしい。

びっくりすることに、コーヒーには北欧の最新のスペシャルティコーヒー文化が香る「フグレン」の豆を使用。この喫茶店は時代を超え、現在進行形でいまを生きているのだ。

もしも柳橋の小さな稲荷神社の前で玉垣に彫り込まれた料亭の名をしげしげと眺める人を見かけたら、それは花街の痕跡をたどる散策者かもしれない。この街には隅田川の舟遊びと結びつき、格式高い花街として江戸時代から昭和半ばまで栄えてきた記憶が眠っている。

ビルの谷間でひっそりと午前の陽射しを受けている瓦屋根《かわら》。高い塀に目隠しされて窺《うかが》えないが、内部には一九四〇年代の邸宅を改修した情趣あふれるギャラリー&カフェが待ち受けている。木戸をくぐって素晴らしい世界を堪能してみよう。

玄関で靴を脱いで長い廊下を進んでいくと、つきあたりがギャラリー。展示作品のみならず、和洋折衷建築の面白さに胸がときめいてしまう。手前は畳の間、奥は洋間で、襖《ふすま》とド

6 ルーサイトギャラリー

隅田川のほとり、格式高い花街の粋が香るカフェ

柳橋

左／さらさらした川風が吹く2階テラス席。「たまに海の香りがすることもあります」と米山さん
下／骨董家具の多くは米山さんのコレクション

アが仲良く並んでいるのだ。

階段を上がった二階はカフェに改装され、爽快な川の眺望がひらけている。一階の仄暗さ、二階の光に満ちた開放感。そのコントラストをかつての主、市丸姐さんも楽しんでいたかしらと思いを馳せる。

市丸は昭和初期から半ばにかけて一世を風靡《ふうび》した歌手だった。元は長唄や小唄に秀でた浅草の人気芸者だったが、日本ビクターの看板歌手となって芸者を廃業。柳橋にこの自宅を建て、九十歳で亡くなるまで暮らしていたという。

空き家となった建物をギャラリーとして再生したのが米山明子さんだった。柳橋を代表する料亭「いな垣」を祖父母が営み、生前の市丸と交流があったご縁である。

料亭を継ぐことを期待された米山

さんだが、柳橋に残る最後の一軒家の料亭となっていた、いな垣は一九九九年、ついに創業二百年の歴史に幕を下ろした。それを機に柳橋芸妓組合も解散し、花街は昔日《せきじつ》の夢となったのだ。

カフェのテラス席からは眩《まばゆ》いばかりの秋空と東京スカイツリーが見える。コーヒーを楽しみながら米山さ

カフェオレ（600円）と、季節のタルト（400円）

ギャラリーを訪れる人々の「この家でゆっくり喫茶時間を楽しみたい」という声に応えて2階をカフェに整えた

んにお話をうかがった。

「すぐ隣が実家だったので、子どもの頃、市丸さんの家の屋根に上がって遊んでいてお手伝いさんに怒鳴られた記憶があります(笑)。改修で一番苦労したのは家の土台の見えない部分です。大谷石《おおやいし》なので脆《もろ》いんです。土壁も落ちてきてしまうので半分塗り直しました」

　なじみ深い市丸邸を受け継いでギャラリーを開いたのは、どんなお気持ちからでしょう?

「ここを柳橋の資料館にしたいというお話もありましたが、誰も訪れない資料館になって、埃をかぶっていては面白くないでしょう?」

　家が死んでしまいますね。

「そうなんです、家には笑い声がなければ。そこに楽しいこと、興味を引くことがあれば人が集まってくれ

隅田川のほとりに立つ家を再生し、
2001 年に骨董店としてオープン

て、笑い声が絶えない場所になるはず。市丸さんは芸に生きたかただったので、ここで小さな演劇や朗読会を催すと家も喜んでくれる気がします」

この家にインスパイアされて山﨑ふらさんが脚本を書き、劇団まるおはなが二階で上演したお芝居は、好評を博して再演もおこなわれた。

「隅田川の上流が三途の川とつながっているという、あの世とこの世の物語ですが、客席から隅田川が見えるのでお話に引き込まれました」

かつて柳橋の花街と隅田川は運命共同体だった。それを象徴するのが夏の花火。一九七八年に隅田川花火大会という名称に生まれ変わったが、一九六一年に途絶えるまでは長く「両国川開き」という名で親しまれ、料亭と船宿が協力して花火大会を運営してきた。

「江戸に飢饉や疫病が流行したので、水神様に川の安全と災厄除けを祈願するために両国川開きが始まったよ

上／この日はオープン当初から毎年催されてきたモハンさんのアンティーク絨毯コレクションの展示中だった
左／階段横の小さな意匠

洋間の扉は風を通すようデザインされている

● menu（税込）
ブレンド珈琲　500円
水出しアイス珈琲　600円
バナナオーレ　500円
抹茶バナナオーレ　600円
お抹茶セット（和菓子付）　800円

● るーさいとぎゃらりー
東京都台東区柳橋1-28-8
03-5833-0936
営業時間はイベント開催により変動
不定休
JR・都営線「浅草橋」駅より徒歩5分

うです。その初日に花火が打ち上げられたのです」

　第二次世界大戦で途絶えてしまった両国川開きを復活させるために戦後奔走したのが、柳橋料亭組合長をつとめていた米山さんの祖父・稲垣平十郎氏だった。

「いまでは花火大会の元々の意味は忘れられて花火コンテストに変わりましたが、うちでは祖父母の料亭のオマージュとして毎年、水神様へのご挨拶のための川開きを催しています。テラスを川床に見立てて食事を楽しんでいただくだけですが」

　そんなゆかしい会も肩の力を抜いて参加できるのがカフェの身上。毎年、開催を告知するとすぐに予約で埋まるそうだ。川風の心地よさに酔う人々の笑い声が、歳月を重ねた家に血を通わせるのだ。

右／メイソンジャーの中で電球が輝く
下／開放感のある店内。お客さまは若い人々からベビーカーを押したお母さんたち、犬の散歩中に立ち寄る人、80代のシニアまで幅広い

7

イリヤプラスカフェ＠カスタム倉庫

おもちゃ倉庫が開放感たっぷりのカフェに変身

田原町

鉄骨がむき出しになった天井から下がる色とりどりのランプ。オーナーがポートランドのアンティークショップを回って集めた家具。ミラージュのエスプレッソマシン。

倉庫のような空気感が漂う内装でありながら無骨、無機質といった形容が浮かんでこないのは、女性バリスタたちの柔らかな接客のためだろ

白く塗り直された外壁に電柱が影を落とす

うか。ランチにも仕事にもゆったりと使える素敵なカフェだ。

オーナーは入谷の古い一軒家を改装して「イリヤプラスカフェ」を開いた今村ナオミさん。この物件とはどんな出会いをしたのでしょう？

「自転車でふらふら散策している時に貸し倉庫の貼り紙を見つけたんです。二店舗目の開業は考えていなかったのですが、もしも挑戦することがあれば倉庫や工場の跡地など、インダストリアルな雰囲気のある物件がいいなと思っていました」

右／カフェラテ（420円）とフレンチトースト（680円）
上／古い椅子の形が、シャンパンのコルクストッパーの針金を曲げて作るおもちゃの椅子を思わせる

不動産屋さんに内部を見せてもらうと「荒れてはいたけれど、天井が高くて奥行きがあり、鉄骨の梁《はり》が魅力的でした。外観のこぢんまりした感じと中の抜け感のギャップも良かった。二階も梁が見える山小屋のような雰囲気で、こんな倉庫には都内では二度とめぐりあえないかもしれないと思ったんです」

ガスは引かれていないし、床はコンクリートが剥《は》がれて地面が見えているような状態。飲食店へと改装するには手間がかかったが、倉庫の来歴を知るにつれて街や時代と密接に結びついていたことが明らかになり、

右／魅力的な雑貨の数々。風景写真のスライドをつなぎ合わせたオリジナルのランプが緑色の光を投げかける
左／２階はイベントスペース。天窓から光が射し込む

心が寄り添っていった。

「最初の数十年はおもちゃ屋さんの倉庫、次は社交ダンスで着るようなコスチュームの倉庫として十七、八年間使われた後、空き家になっていたようです」

埃だらけの内部を徹底洗浄する際に、今村さんはきらびやかな衣装の名残に気がついた。

「二階の床にスパンコールがたくさん落ちていて。ご近所の人の話では美空ひばりさんや小林幸子さんの衣装も預かっていて、彼女たちの姿を見かけたこともあったそうです」

長く近所に住むその人は、おもちゃ倉庫時代の思い出も聞かせてくれたという。いまよりたくさんの子どもがいた昭和の時代には、蔵前から浅草橋にかけて人形店やおもちゃ問屋がにぎやかに並んでいた。

「何かの拍子にこの倉庫に運ばれる箱がちらっと見えることがあって、色や形から自分が欲しいおもちゃの箱だとわかったそうです」

かつては子どもたちの夢や豪華なステージの夢の数々を保管していた空間に腰を下ろして、ふわふわのラテを飲みながら自分の夢について思いをめぐらせてみる。

● menu（税込）
コーヒー　380円
レモネード　500円
バナナチョコレート・パフェ　750円
3種のとろけるチーズとトマトの
　パニーニ　550円
キーマカレー　980円

● いりやぷらすかふぇ@かすたむそうこ
東京都台東区寿4-7-11
03-5830-3863
11:00〜20:00（日・祝は〜19:00）
月休（祝日の場合は翌火休）
東京メトロ「田原町」駅より徒歩3分

上／隣家の陰に半分隠れた外観
下／コーヒー（600円）と季節のフルーツサンド（600円）。この日は紅玉のサンド。ひとつひとつの素材が熟考を重ねて選ばれている

8

つむぐり

どんぐりを意味するカフェでコーヒーと読書の時間

浅草

1階のカウンター席

カフェは散歩中に出会う猫のようなもの。人懐っこくじゃれてくる猫もいれば物陰に身を潜める猫もいて、それぞれに人を魅了する。

「つむぐり」は路地の奥にひっそりと隠れ、家々の間から半分だけ顔をのぞかせている。大声を上げて駆け寄ると消えてしまう性質の猫ゆえ、一人か二人で訪れて静かな時間を過ごすのがふさわしいと思う。

築六十八年を経て廃屋となっていたモルタル壁の二階建て共同住宅に出会った室伏将成さんは、自らの手で改修をおこない、二〇一五年に奥様と二人でこのカフェを開いた。

建築当初、玄関は違う位置にあったそうだ。区画整理がおこなわれてすぐ隣に家が建ち、出入りしにくくなって玄関を移動させたらしい。

「三世帯が入居していたようで、ブ

上／2階。かつては廊下の左右に部屋が並んでいた
右／店内には急な階段や吹き抜けがあるため、安全を配慮して中学生以上から入店可能

● menu（税込）
ミルクコーヒー　700円
生姜蜂蜜ミルク　700円
otacoさんのシフォンケーキ　400円
ホットサンド（土・日・祝）　600円

● つむぐり
東京都台東区浅草5-26-8
03-6337-5869
12:00〜17:00(LO16:30)
火・水・木休（祝日の場合は基本営業、
臨時休業は公式サイトにて要確認）
東京メトロ・ほか各線「浅草」駅より徒歩15分

レーカーには一〇一、一〇二、二〇一と部屋番号が書かれていました」と室伏さん。各部屋の壁を取り払ってひとつながりの空間に変え、二階の一部は床板をはずして開放的な吹き抜けにした。

週末のみ開かれる二階に上がると、共同住宅の名残が見てとれる。空間の中央はかつての廊下で、つきあたりに小さな洗面台。戦後間もない頃に入居した人々の暮らしのサイズ感を想像してみる。

カフェで過ごしたお客さまが帰りがけに「いい時間でした」というひと言を置いていってくれるのが何より嬉しい、と室伏さんは言う。

店名はどんぐりの語源に由来する。生態系を循環させる小さな木の実。思慮深い店主の視線は、その中に「紡ぐ」という言葉も捉えていた。

9 菓子工房ルスルス

愛される焼き菓子店は日本舞踊の先生の家をリノベーション

浅草

「古い建物の多くはまだ人が住んでいて、植木を飾ったり家の周りを大切に手入れしています。それも、この街がきちんとした印象を与える一因」と新田さん

焼き菓子好きの人々が愛してやまない「ルスルス」。その浅草店は、浅草寺北側の観音裏と呼ばれる静かなエリアにある。ここは花街の中心地として現在も見番《けんばん》が置かれ、芸者衆がお稽古に励んでいるはずなのだけれど、いまだ姿を見かけたことはない。ルスルスの店舗が元は日本舞踊の先生の自宅兼お稽古場だったと知って初めて、花街の艶《つや》のようなものを感じたのだった。

家の一階部分は一九五五年前後に建てられ、のちに四階まで増築されている。姉妹でルスルスを営む新田まゆ子さんが、物件として出会った第一印象を話してくれた。

「丁寧に管理されていましたが、古い日本のおうちという印象。ただ、細かい部分の意匠がきちんと造り込まれていたり、質のいい木材が使わ

左上／街角にひるがえる白い暖簾《のれん》。「この街ではいろんな種類の商店が毎日きちんとお商売をしていて、暮らす人々もいろんなお店を利用して楽しんでいるのがとても好きです」
左下／古い家具を配したイートイン

● menu（税別）
アイス珈琲　550円
ダージリン　650円
ルスルスシュークリーム
　250円
チーズケーキ　420円

上／注文を受けてから濃厚なクレーム・パティシエールを絞る傑作シュークリームとクッキーの盛り合わせ「シューセット」（550円）と珈琲（500円）
右／魅惑のショーケース

● かしこうぼうるするす
東京都台東区浅草3-31-7
03-6240-6601
Cafe 12:00〜18:00（LO 17:30）
shop 12:00〜20:00
Cafe 月〜金休
Shop 月〜水休（祝日は営業）
※営業日・時間は月により変動、
　全公式サイトにて要確認
東京メトロ・ほか各線「浅草」駅
　より徒歩10〜15分

れていたりして、贅沢な建物だなと思いました」

改装する際にいい木材を「生け捕り」にしてもらってカウンターや仕切り壁に移植し、使える部分は可能な限り手を加えずに利用した。

「購入した古材だけでは、この落ち着きは生まれなかったと思います」

可憐な焼き菓子が並ぶショーケースの先に、波ガラスや格子戸の美しいイートインがある。奥の一段高いキッチンはかつて舞台だったところ。改装の際に白木の床板を一層削ってニスを塗った。天井近くにはお客さまに贈られた小さな「THEATER」のプレートが掛けられていた。

派手な装飾がなくとも、素材のクオリティと確かな技術、センスの良さで心をとらえるその空間は、ルスルスのお菓子そのものだ。

10
cafe copain
1958年に建てられた材木問屋の倉庫をカフェに
木場

2階の掃き出し窓から入る光に惹かれた高橋さんは、あえて全体を吹き抜けにした。小屋組みに上棟式の棟札が残っている

橋のたもとに古ぼけた材木倉庫が残されている。南京下見板張りの外壁を眺めながらその扉を開けると、一瞬はっとするほど高い天井の下に、人々の談笑の声とパンの香りが柔らかくたちこめていた。

地名に刻まれた通り、木場は江戸時代に広大な貯木場となった土地である。運河に面したこの小さな倉庫は、なんとコンクリートの護岸の一部を使って建てられていた。

店主の高橋幸子さんが「カウンター席の壁面が昔は抜けていて、そこから材木を出し入れして船で運んだそうです」と教えてくれた。

高橋さんと倉庫との出会いはちょっと運命的だ。以前は食品会社に勤務し、ベーカリー部門の商品開発で活躍していたのだけれど、会社組織の下では不可能な、自分が食べ

右／壁のコンクリート部分はかつての護岸！　改修の際、その上に板壁を付けた
上／倉庫の後ろに運河が流れる
左／自家製パンのサンドイッチと「柴海農園」から届く有機野菜のサラダのプレート（1,180円）。バターや卵を使わないパンも揃っている

● menu（税込）
コーヒー　350円
紅茶　350円
ブッセアイス　200円
ホットドッグ　400円
おまかせサラダプレート　1,400円

● かふぇ こぱん
東京都江東区平野3-1-12
03-6240-3306
11:00〜18:00（日は〜17:00）
月・火休、年末年始休
東京メトロ「木場」駅より徒歩9分

たいパンを作りたいという思いが募って潔く退社してしまう。

「ハローワークに行く時に橋の上からこの建物が見えて。何屋さんかなと思って近づいて回り込んだらシャッターが閉まっていたんです」

だが、高橋さんはそこで終わりにはしなかった。法務局に行って大家さんを探しあて、直談判するという行動力を発揮し、あっという間に必要最小限の改修工事をおこなってベーカリーカフェを開いたのだ。

「材木倉庫の時代は二階に従業員を住まわせていたそうです。その後は工務店の倉庫に変わり、最後は何年も使われず荒れ果てていました」

廃倉庫はパンや新鮮野菜のランチに惹かれて人々が集う空間となり、高橋さんは願い通り「食堂のおばちゃん」のように快活に働いている。

11

SPICE CAFE

古い木造アパートに漂うスパイスの芳香

押上

植物にすっぽり呑み込まれてしまったような民家の前で、少し圧倒されて立ち止まる。その横に「OPEN」の看板を見つけて細長い通路を奥へ進んでいくと、卓越したスパイス使いで知られる名店が姿を現した。

二階建ての木造アパートを改修した「SPICE CAFE」は、従来の北インド一辺倒だった日本のカレー界に南インドの風を吹かせたという点でも、活気を失った下町に耳目《じもく》を集めたという点でも、先駆的存在のひとつである。

この街で生まれ育った伊藤一城さんは、三年半かけて世界四十八か国を旅して周り、人々の日常の食文化を体験してきた。最も印象的だった

上／「こういう建物は多かったんですが、誰も住まなくなってマンションや駐車場に変わってしまった。建物は毎日使って毎日掃除していれば長く残せるんです」
下／草花に囲まれた長いアプローチ

「このアパートは父の仲間の大工さんたちがお酒を呑みながら、のんびり建ててくれたらしい。2011年の東日本大震災でも棚から瓶が1本落ちただけでした」

「ミシュランガイド東京」のビブグルマンに選ばれたこともある美味。ランチのカレー２種とおかず４種、コーヒーとミニデザート付（1,350円）

インドで知人の家に居候してカレーやチャパティの作りかたを習い、帰国後にレストランで五年間修業。両親が建てた賃貸用アパートを自分の手で改装して二〇〇三年にSPICE CAFEをスタートした。

「元は藤美荘という名称で、間取りは一階が六畳ふたつと九畳、共同キッチンに共同トイレ。二階も同じ構成です。お風呂のないこのアパートに、かつては六世帯が住んでいたそうです」と伊藤さん。なんという人口密度だろう。

「こつこつと改装していたら街中に話が広まって、友人やご近所の方々や親戚が手伝ってくれるようになったんです。下町の良さをしみじみ実感しましたね」

土壁を壊した中から格子状に竹を編んだ下地、竹《たけ》小舞《こまい》が現れ、調湿性や耐火性に優れた造りであることがうかがえた。竹小舞を活かそうと決め、左官屋さんに教えてもらいながら珪藻《けいそう》土《ど》を塗っていった伊藤さん。

「毎日塗り続けて、完成する頃にはプロ並みの腕前に（笑）」

壁に竹小舞がのぞく

テーブルや椅子も手作り

お店の扉は余った木材を巧みに組み合わせて父親が作ってくれた。祖父の代から建具職人なのだ。

作る料理がこの古い建物に寄り添っていった部分もあるという。天井や壁のすべてが土や木で構成されていて、プラスティックのような建材は見当たらない。

「いま思えば、この空間が僕に影響を与えて、それがお皿の上に表れているんだと思います。お客さまもそういうテイストが好きな人が集まるようになりました」

開業後もインドに滞在したり東京のフレンチのシェフと情報交換したりしながら独自に進化させてきた料理は、奥深いスパイスの魔術で人々を魅了する。

お客さまは複数のカレーとおかずを自由に混ぜ、好みの味を作って楽しんでいる。一皿の上で世界中の香辛料、現在と昭和の時間がミックスされているのだ。

● menu（税込）
自家製ジンジャーエール　600円
ラッシー　600円
マンゴージュース　600円
フレッシュハーブティー　600円
カレーランチ（1種）　1,100円

● すぱいす かふぇ
東京都墨田区文花1-6-10
03-3613-4020
11:30〜15:00(LO 14:00) 水・木・金のみ、予約不可
Dinner 18:00〜23:00（LO 20:30）要予約
月・火休
東京メトロ、都営線「押上」駅より徒歩15分

12

長屋茶房 天真庵

下町の魅力あふれる寺子屋カフェで手打ち蕎麦をたぐる

押上

上／美しいステンドグラスは東京藝術大学の学生が制作
左／飾らない庵主夫妻の人柄に惹かれて毎日のように暖簾をくぐる人もいる

東京大空襲で自宅が焼失したことを悔しがり、終戦直後に新潟から建築資材を運んで果敢に家を建てた大工がいた。約六十年後の二〇〇七年、長く空き家となっていたその家を改修し誕生したのが「天真庵」である。

庵主が打つ蕎麦。石臼で挽《ひ》く自家焙煎珈琲。寺子屋と称する伝統文化の勉強会の数々。こう並べると風雅この上なく、二階に絵が飾られている寒山拾得《かんざんじっとく》の世俗を超越した世界のようだが、実のところはご近所さんが集まる井戸端のような場だ。水のまわりに豊かなご縁がひろがる。

庵主の野村栄一さんは偶然この建物に出会った。当時、池袋でギャラリーを開いていた野村さん。親しくなった陶芸家が押上の長屋に引っ越し、招かれて遊びにきた時に廃屋と遭遇したのだという。

右上／野村さんが考案した「縄文ドリポット」。小鍋でお湯を注ぐのもこだわりのひとつ！
右下／檜《ひのき》のカウンターは解体された居酒屋から譲り受けたもの。奥には元からあった頑丈な耐火金庫が残されている
上／ざるそば（800円）。有名な広島「達磨 雪花山房」の高橋邦弘氏のもとで蕎麦打ちの修業をした

menu（税込）
ブレンド珈琲　500円
玉露（お菓子付）　800円
チーズケーキ　400円
そばっこくれーぷ　800円
昼そばセット　2,000円
※そばはなくなり次第終了

ながやさぼう てんしんあん
東京都墨田区文花1-6-5
090-2673-5217
12:00〜19:00（日は〜16:00）
水・木休
東京メトロ・都営線「押上」駅より徒歩10分

荒れはてていた建物のリノベーションには、よく池袋のギャラリーを訪れていた学生とその仲間たちが大活躍してくれたそうだ。

　ご近所さんが自宅に眠っていたピアノを譲ってくれると、常連客の音楽家たちが演奏会を催すようになって来日した著名な音楽家を連れてきたり、奥さまの喜代美さんが親切心から味噌作りを教えた人が、翌年には「道具を揃えるのが面倒だから天真庵で教室を開いて」と依頼してきて、いまや百名を超える味噌の会に発展したりと、ここには人の好意から種がまかれ、芽が出て育っていくような楽しさがある。その土壌となっているのは野村夫妻への信頼感。

　正午過ぎ、開店したての静かな店内に不思議なほど人々の体温を感じたのはそのような理由だったのだ。

引き戸にもガラス細工があしらわれている

左／すみだブレンド（480円）、自家製のコーヒーソフトクリーム＆ゼリー（570円）
下／ガラス製造を営む実家の倉庫に眠っていたランプシェード

13

すみだ珈琲

美しい江戸切子のカップで楽しむ自家焙煎のコーヒー

錦糸町

ある肌寒い夕刻に「すみだ珈琲」の引き戸を滑らせると、店内はあいにく満席だった。どうしようかな。躊躇《ちゅうちょ》していた私にカウンター席の女性客がにっこりして、「いま帰りますからどうぞ」と立ち上がった。

そういう心優しい人に愛されているすみだ珈琲は、一九五六年築の小さな靴工場を改装してオープンした自家焙煎スペシャルティコーヒーの専門店。自ら改修を手がけた廣田英朗さんは「最後の数年間は賃貸住宅になっていたそうで、奥の小さな窓がお風呂場の跡。東日本大震災前に僕が借りていなければ倒れていたと言われるくらいの危うさでした」と語る。

建物に強度をつけることを優先した結果、壁はベニヤ板を張っただけの簡素なものになったが、床を掘っ

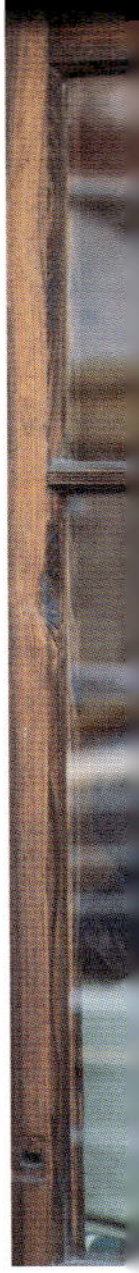

● menu（税込）
本日のコーヒー　540円
カフェラテ　520円
コーヒーソフトクリーム　450円
本日のケーキ　450円
チーズトースト　470円

● すみだこーひー
東京都墨田区太平4-7-11
03-5637-7783
11:00〜19:00
水、第2·4火休
JR「錦糸町」駅より徒歩10分

上／2010年にオープン。2階にはコーヒー焙煎機が置かれている
左／自転車で、徒歩で、地域の人々がコーヒーとおしゃべりの時間を楽しみに集まってくる

てコンクリートを打ち直し、天井を外したことで空間に高さと開放感が生まれている。

　何よりも心をとらえるのは、家族の仕事場や街に〈あったもの〉の輝きだ。廣田さんの実家は錦糸町で百二十年続いてきたガラス製造店。店内に柔らかな光をともす瑠璃《るり》色や蜜柑色のランプシェードは、廣田さんの父親が作っていたものだ。

「倉庫に三十年以上眠っていたものを売ってもらいました」

　店名に墨田の名を冠したからには地元に貢献したいと、カップにも職人の手から生まれる伝統工芸・江戸切子を用いている。ガラスの表面に刻まれた星や市松紋様が淡い光をゆらめかせながら下町のたどってきた物語をささやく。コーヒーの香りに包まれながら耳を傾けてみよう。

14

庭の家のカフェ ひだまり

小鳥のさえずりが聞こえるカフェはみんなで作る

千石

碍子《がいし》をアクセントにした天井

あみだくじのように入り組んだ住宅街の路地に、「OPEN」の看板が出ている。細長いアプローチをずっと奥まで進んでいくと、急に緑の庭が開けた。桃の木。南高梅。風がそよぎ、ひとしきり小鳥のさえずりが降ってくる。

「ひだまり」は一九六二年築の一軒家をリノベーションしたカフェ。車椅子で訪れた百歳のお客さまが、隣のテーブルにいる二歳の子どもをあやす——そんな微笑ましい光景も見られるのだが、「そもそもこの家がカフェになるとは考えてもいなかったんです」と、古い家の有効活用を託された経営者、伊藤晴康さんは笑う。不動産業やコンサルタント業を営んでいることから相談を持ちかけられたのだという。

「調べてみたら家の前の路地は昔は商店街で、今も大通りに抜ける道として人通りがある。周辺には保育園や小中学校があって子どもが多い地域なのに、親子で安心してくつろげるカフェは少ないんです」

伊藤さんはアイディアを募った。ベビーカーや車椅子でも入れるスロープ。のびのびと過ごせる畳のスペース。子どもが楽に腰かけられる低い椅子とテーブル。すべてを実現した居心地の良さが口伝えに広まり、カフェは近隣の人々のまさに陽だまりのような場所になっていった。

「みんなで作る場所なので、今後も変化を続けていくと思います」

庭先に実った梅の実を漬けたのも、流し素麺のイベントも、お客さまのリクエストに応えたもの。庭の陽光と人のぬくもりで、このカフェはいつもポカポカの暖かさだ。

上／直前まで高齢の夫婦が暮らしていた一軒家。イベントも多数開催される
右／「自家焙煎黒千石茶」（500 円）と三色団子（300 円）を楽しんでいると、スタッフが「お客さまからのいただきもの」と、小さなリンゴをおすそ分けしてくれた
下／階段を上った 2 階は学習塾

● menu（税込）
ブレンドコーヒー　500円
おしるこラテ　500円
あんこせんべい　300円
焼きおにぎり　300円
ランチセット　フード単品価格+500円

● にわのいえのかふぇ ひだまり
東京都文京区千石2-44-11
03-6902-9476
11:00〜16:00（火・水・木は〜19:00）
月休（祝日は営業）
都営線「千石」駅より徒歩6分

写真展「東京零年」。終戦直後の東京の光景を、2011年の東北の被災地と勘違いする人も少なくないそうだ

15 TOKYO LITTLE HOUSE

戦後の東京の記憶を伝える、奇跡の一軒家

赤坂

おばあちゃんの家みたい、というのは古民家カフェを形容する常套句だが、現実に赤坂の繁華街に残っていた祖父母の家をリノベーションしてカフェを開いた人々がいる。こんな場所に一九四八年築の木造家屋が、サッシにも替えず木枠のガラス窓を嵌《は》めたまま残っていたなんて、ほとんど奇跡である。

一階は現代的なセンスのカフェ&ギャラリー、二階は昭和の情感漂う宿泊施設へリノベーション。

代表の深澤晃平さんは「もともとその家にいた人が改修するのと、外から来た人が改修するのでは心構えが違うかもしれませんね」と語る。

「おばあちゃんの思い出が染みついているから、壁ひとつ壊すにも抵抗があって……」と、妹の深澤愛さん。二人は子どもの頃、毎週のようにこ

上／コーヒーの抽出は有名コーヒーロースター出身の深澤愛さんが担当
下右／店名は名作絵本『ちいさいおうち』（バージニア・リー・バートン／石井桃子訳）から
下左／ハンドドリップのコーヒー（450円）と「もりかげ商店」のクッキー（150円）

の家に遊びに来ていたのだ。

　店内ではかつての生活道具が愛情をもって再利用されている。たとえば祖父の下駄はドアの把手《とって》に、雨戸は展示パネルに。

「祖母が亡くなったのが二十五年前。その後、親戚が数年間住んで、次に大学生になった僕が住むようになりました。この家は現在の東京から見れば異空間。ここを拠点にして自転車で街を走ると、自然に面白いものが見えてくるんです。ここに滞在する旅行者にも、東京観光を面白がってもらえるだろうと直感的に思いました」

　戦前まで築地の料亭で働いていた祖父母は、戦後「自分たちで店を出すといい」と、料亭主人の温かい支援を受けて赤坂に家を建てたが、結局は築地に通い続けたという。

「戦前の築地には海軍施設があって赤坂よりも格上の土地だったので、祖母は築地に帰りたがっていたようです。オリンピックの頃から東京の復興を象徴する街になっていったので、赤坂にいついたんでしょう」

明治生まれで、新潟から奉公《ほうこう》に出てきた祖母は「いつもシャキッとしていた」と二人は回想する。

「そういう個人史と都市の歴史のレベルをうまく結びつけられたら、というのがカフェと宿泊施設のひとつのコンセプトなんです」

晃平さんが学生時代に作成した、都市に縄文遺跡や神社仏閣のレイヤーを重ね合わせた地図は、中沢新一氏の著作『アースダイバー』に収録されている。その刺激的でユニークな視点から、ギャラリーでは「東京零年」と題して、この家が建てられた終戦直後の東京をテーマに写真を展示。アメリカからの旅行者が写真に見入っていた。

「戦災や自然災害、江戸時代の火事も含めて、東京ほど人が亡くなっている都市は世界的にも例を見ない」

この家は足元に眠る東京の記憶を世界中の人々にそっと物語るのだ。

上／2階の宿泊施設には元の住まいの面影が保存されており、海外からのゲストに好評なのはもちろん、日本人でも観光気分になる
左／バス・トイレ内部は現代的に美しく改装されているが、壁面は解体中に出てきた竹小舞をあえて見せるように仕上げた

改修は深澤晃平さんの妻の杉浦貴美子さんとスタッフのサム・ホールデンさんが中心となって手がけた

● menu（税込）
アイスコーヒー　500円
カフェラテ　600円
抹茶オレ　700円
クラフトビール　700円
ベイクドスイーツ　150円〜

● とうきょう りとる はうす
東京都港区赤坂3-6-12
03-3583-0228
11:00〜17:00
日・祝休
東京メトロ「赤坂」駅より徒歩3分

「こちらは港区赤坂、力道山刺されたる街よりお送りします」

TBSのラジオ番組の中で、菊地成孔《なるよし》は毎回必ずそう唱えていた。それは赤坂が黄金期を迎えていた一九六三年の大事件。政財界の人々も芸能人も作家も、こぞって花街・赤坂の料亭や高級ナイトクラブに集まる伝説的な時代があったのだ。

料亭「島崎」もかつて華やかな社交の舞台となっていた一軒。閉店後は二十年もの間、使われないままに老朽化が進んでいたが、サーフィンと旅を愛する青年二人がカフェを併設したゲストハウスへと生まれ変わらせた。

「現オーナーは島崎の奥の居室で生まれ育って、現在も赤坂で暮らしています。この建物を取り壊してビルに変える提案をずっと断り続けてき

16

Kaisu

赤坂の料亭を改修したゲストハウス&カフェ

赤坂

ラウンジ。照明は料亭時代のもの

上／1949年創業の料亭をリノベーション。宿泊客の大半はアメリカ、ヨーロッパからの旅行者
下／国産クラフトビール（700円～）、カフェラテ（500円）、バナナケーキ（500円）

たそうです」と、オーナーに交渉して「Kaisu」を立ち上げた鈴木重任《しげただ》さん。由緒ある料亭の建物が再び人々が一堂に〈会す（Kaisu）〉空間として甦るならばと、ゲストハウス開業を承諾してくれたそうだ。

「たまたまですが、改修工事を引き受けてくれたかたはオーナーの自宅の設計者でした」

そんな不思議な巡り合わせのもとで、一階は和やかな空気の漂うカフェ＆バー、二階は宿泊スペースに変身。そこかしこに残された料亭時代の照明が人々の笑顔を照らしている。

「サーフトリップ先の宿でつながった人々とはいまでもつながりがある。このカフェでも世界各国からの旅行者と地元の人の交流が生まれています」

赤坂の路地に吹く新しい風が、固い扉を大きく開け放ったのだ。

● menu（税込）
ハンドドリップコーヒー　500円
アメリカーノ　400円
ベイクドチーズケーキ　600円
チーズ盛り合わせ　800円
赤坂チキンライス　980円

● かいす
東京都港区赤坂6-13-5
03-5797-7711
10:00～23:00（LO 22:30）
定休日なし
東京メトロ「赤坂」駅より徒歩4分

右／廃材や拾いもの、古いガラクタの魅力的な宇宙
上／実家が和菓子店を営んでいた店主が作るまんじゅうは、表面を焼いて香ばしく仕上げる。「マンヂウ」(250円)とチャイ(650円)

17

mugimaru2

鬱蒼たるアート空間でまんじゅうと猫を愛でる

神楽坂

板塀ごしに聞こえていた三味線のつまびきがふっつりと止む路地裏。目の前に現れた建物の姿がいささか廃墟じみていて、カフェはもう閉業したのかしらと不安になったけれど、数歩近づいてみると幾重にも厚く覆いかぶさった蔦の奥に入口が見え、蜂蜜色の灯がともっていた。

「ここを借りる時、大家さんに『道路の拡張工事があるからいつ壊すことになるかわからないけど、好きにしていいよ』と言われてたの」と、店主の岩崎早苗さん。すでに隣家は解体されて更地になっている。

昭和三十年代に建てられた木造モルタルの二階建ての内部には、早苗さんと流木アーティストである兄の岩崎永人さん、その屈強な友人二人によって唯一無二の廃材宇宙が造形されており、二〇〇五年のオープン

＊柳家金語楼の愛人宅とも、金語楼が作った金星プロがあったとも言われている

この土地は、柳家金語楼ゆかりの家が建てられる前はお寺だったという

● menu（税込）

コーヒー　550円
抹茶　650円
煎茶　650円
ビール　750円
マンヂウ各種　250円

● むぎまる2

東京都新宿区神楽坂5-20
03-5228-6393
12:00〜20:00（土・日は〜21:00）
水休
東京メトロ「神楽坂」駅より徒歩5分

以来、感覚を共有する人々をその磁場に引きつけてきた。なにしろ釘一本打つにも「ピカピカの釘では似合わない」と、収集している錆びた古釘を使うという徹底ぶりなのだ。

「昔はここと両隣と裏を合わせた敷地に柳家金語楼の家*が建っていたと聞いてます。私が借りる前は三十三年続いた居酒屋さんで、芸者さんや飲食店の人が夜遅くに呑みに来てたそうです。ご主人がここで倒れて亡くなったんだけど、うちがオープンしてしばらくの間は誰もいない二階でよく不思議な物音がしてたから、御神酒《おみき》をあげてたの」

　そんな逸話がじつによく似合う畳敷きの二階でおまんじゅうとチャイを楽しんでいると、二代目の看板猫がするりと階段を上ってきて私の膝の上で丸くなった。

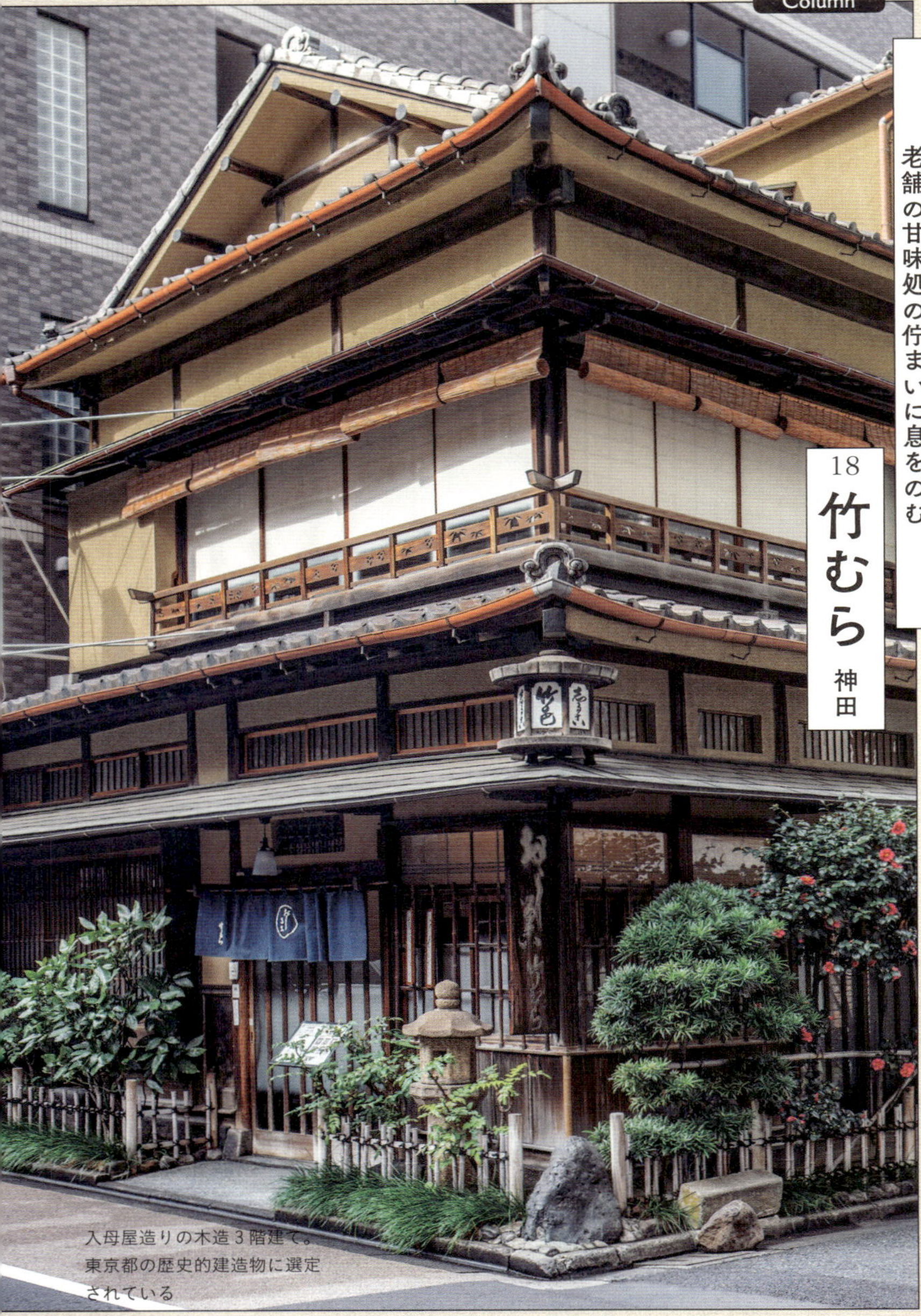

老舗の甘味処の佇まいに息をのむ

18 竹むら

神田

入母屋造りの木造３階建て。東京都の歴史的建造物に選定されている

＊ぼたん…明治時代創業の「鳥すきやき」専門店。東京都選定歴史的建造物

左／階段の右側は2階のお座敷、左側は居住スペース
下／2階の欄干には竹の葉や梅の模様

神田須田町、かつて神田連雀町と呼ばれたあたりは、苛烈な空襲を免れた奇跡の一角。大正時代から昭和初期に開業した飲食店が昔と変わらぬ姿で暖簾《のれん》をひるがえしている。

「母は『近くにニコライ堂があるから爆弾を落とされなかった』と言ってました」と笑うのは、一九三〇年創業の甘味処「竹むら」三代目の堀田正昭さん。母親はすぐ近くの老舗「かんだやぶそば」の娘だった。

「ここを建てたのは神田佐久間町の大工さんで、近くの『ぼたん』*も同じ大工さんと聞いています」

毎日、北海道産の小豆で四種類のあんを炊く。おしるこもあんみつも伝統の製法を大切に受け継いでいる。

「創業した父は、とにかく手を抜かずにいいものを作れ、店を広げるな、という方針でした」

近年は海外からの旅行客が増え、よく「お座敷に上がりたい」とリクエストがある

名物の揚げまんじゅうは「たとえお客さまにお待ちいただいても揚げたてをさしあげろ」という父の口癖通りに、注文を受けるつどゴマ油でからっと香ばしく揚げる。

そんな味と風情に惹かれ、池波正太郎が竹むらに通っていたのは有名な話である。

「お一人でいらして、人目につかない奥のテーブルで召し上がって、すっと帰られる。ご自分の時間を楽しまれているので声をおかけしませんでした」という心づかいも作家に愛される所以《ゆえん》だったのだろう。

「今日は寒いから、あんは柔らかめに」などと天候によって毎日微妙に仕上げを調整する職人仕事が好きだ、と堀田さんは語る。お客さまの「おいしかった」というひとことで多少の苦労は吹き飛んでしまうそうだ。

上右／3代目主人、堀田正昭さん。「あんを上手に炊く秘訣は、よくアクを抜いてしっかり火を通して、それでいて練りすぎないこと。その加減が大事です」
上左／池波正太郎のお気に入り、あわぜんざい（820円）と揚げまんじゅう（2個490円〜）

戦争も大震災も生き抜いてきた建物

● menu（税込）

御ぜんしるこ　790円
みつ豆　690円
あんみつ　740円
おぞうに　810円
いそべまき　690円

● たけむら

東京都千代田区神田須田町1-19
03-3251-2328
11:00〜20:00（LO19:40）
月・日・祝休
東京メトロ「淡路町」駅より徒歩3分

※1930年から続く本店は、本書で定める古民家カフェ＝「古民家を転用・再生したカフェ」ではありませんが、貴重な建物を残すお店として紹介いたしました

19
松庵文庫
樹齢百年の大ツツジに守られた音楽家夫婦の家

西荻窪

2013年7月にオープン。2階はレンタルスペースとして使われている

大正末期から昭和初期に建てられたらしい民家の前に、一本のモチノキが冬でも濃い緑をまとって立っていて、その幹に下がる小さな木札が「松庵文庫」であることを告げている。玄関でスリッパに履き替えなが

松庵文庫

右／中庭には小鳥も猫も、なんとタヌキも遊びに来る。「寒さが解けてきて、庭にニラバナのような花がぱっと咲きだすと、ここは本当に東京なのかな、と思います」
下／柱にはリノベーション時に壁を抜いてひと続きの空間にした痕跡が残る

ら、我知らず「おじゃまします」という言葉を口にしていた。

なんて気持ちのいい、光のふんだんな空間なのだろう。どのテーブルも中庭の緑が楽しめるよう配置されており、ケーキ皿やコーヒーの表面に緑を帯びた光がとろりと回る。

中庭の主役は一本のツツジ。売り払われる予定だった古い家がカフェとして再生されるきっかけになった、樹齢百年の大ツツジである。

「花が満開の時は大きなピンクのぼんぼりみたいになるんですよ」と、カフェ店主の岡崎友美さんは微笑む。家の前を通る人にも花の気配を感じてもらいたいと各部屋を仕切る壁にガラス窓を設け、表通りにも中庭の色彩が届くようにした。おかげで犬の散歩中の人が鮮やかな花の色に気づいて足を止め、コーヒーを飲みな

上／「ARISE COFFEE ROASTERS」の豆を使ったコーヒー（550円）、ラムレーズンとくるみのケーキ（580円）
左／「流れている時間がどこか違うようで、私たちは仕込みで忙しくしていても、お客さまがゆっくり本を読んでいる姿を見て、ああ、これでいいのかなと思います」と岡崎さん

がらツツジの景色を楽しんでいったりするという。

西荻窪の街角に五月の訪れを伝える風物詩になりつつあるこの家は、かつては音楽家夫妻の住まいだった。夫は指揮者、妻は元パーカッション奏者。生徒たちはグランドピアノが置かれた部屋で夫妻の教えを受けていたらしい。

近くに住む岡崎さんが初めてこの家に足を踏み入れたのは、ご主人が高齢で亡くなった後のこと。家を手放すことにした妻、通称〝奥さん先生〟が招き入れてくれたのだ。

「いつもうちの二階から見ている中庭のツツジが、こっちから見るとこんなに大きいんですねと言ったら、奥さん先生が『ツツジをね、残したいのよね』とおっしゃって。『家が駐車場になるのは仕方ないんだけど、ツツジだけは』って。どうにかして残せないものですかねと何気なく言ったら、『じゃあ、残してください』って」

　願いはそんなふうにさらりと、奥さん先生から託されたのだった。ひょっとするとツツジの精の願いも混じっていたのかもしれない。百年を経た道具には付喪神《つくもがみ》が宿ると言うけれど、百年愛でられてきた、生命ある植物ならばなおのこと。

かつてはバスルームだった一角。
白いタイルに面影が残っている

以前から歳月を経たものに心を寄せていた岡崎さん。その当時は司法書士の勉強をしながら司法書士事務所で働いており、迷いや葛藤はあったものの、奥さん先生との会話から約一年後に松庵文庫をオープンさせたのだった。

「今思えばカフェ開業は怖いもの知らずだったのですが、幸運にもたくさんの友人・知人が立ち上げに関わってくれました」

　リノベーションを依頼した「ゆくい堂」は、〈このままでいい……。このままがいい……〉がコンセプト。

上／通りに面した部屋はギャラリーとして使用
左／ギャラリーの一角。「雨降りの夕方ならではの味わいがいいとおっしゃるお客さまもいます。雨音がすごく聞こえる席もあるんです」

「この家にふさわしいと思いました。壁や柱の見た目は決してきれいではないけれど、むき出しのまま、この空間に何かがあったというストーリーを残しましょう、と」

窓はすべて音楽家夫妻が防音のためにアルミの二重サッシに替えていたが、建築当初は木製だったであろうと木枠に戻し、デザイナーがその四隅に美しいアールを指定した。

ところどころ表面の剥げた家具。書架にはたくさんの本。別室のギャラリーには日常の雑貨やうつわ。愛情を込めて再生されたカフェは多数のお客さまを迎えるようになったが、その中には往年の夫妻の教え子たちも交じっている。

三十年ぶりにこの場所を訪れて、教え子同士の連絡ノートに家が残されていた感激を綴る人。亡き先生が指揮をしている写真を持参し、コーヒーを二杯注文して写真の前に捧げ、泣きながら飲んだ人。

「そのかたが帰る時に先生のお写真をくださったので、キッチンの高いところに飾って、困ったことが起きると手を合わせています（笑）」

嬉しいけれど困ることのひとつは、女性スタッフが次々に結婚しておめでたになることだという。どうもツツジが怪しい、もしや福の神なのではと、楽しい憶測も囁《ささや》かれる。

カフェを出る際にもう一度モチノキを見上げ、先生の魂はこの常緑樹に宿って家全体のハーモニーを指揮しているのかもしれないと思った。そしてツツジには奥さん先生の心が宿り、岡崎さんにそっと想いを伝えてこの場を守り続けているのだ。

ギャラリーの窓辺

● menu（税別）
アイスコーヒー　600円
アールグレイ　650円
アップルクランブル　680円
ランチ　お米御膳　1,390円

● しょうあんぶんこ
東京都杉並区松庵3-12-22
03-5941-3662
11:30〜18:00（Lunch LO 14:30）
月・火休
JR「西荻窪」駅より徒歩7分

鼠漆喰で塗った壁が独特の
陰影を生んでいる

上／職人たちが毛布にくるんで島根県から運んできた
アンティークガラスの窓
下右／夕暮れどき、蜜柑色の灯がともる
下左／月替わりのスイーツ（600 円）と紅茶（＋ 300 円）、
島根県の食材を取り入れたお昼ごはんも好評

20

Re:gendo

取り残された空き家を完璧な古民家カフェに

西荻窪

駅のそばにこんな板塀が残っていたなんて、と驚きながら消炭色《けしずみいろ》の大和塀に沿って細道を進んでいくと、格子門が開いていて、情趣豊かな古民家カフェの前庭に南天の赤い実が揺れているのが見える。乾いた冬の空気もこの塀に守られた内部だけはほどよく湿りを帯びて、カフェで昼食を楽しむ人々の気持ちを潤しているのが伝わってくる。

鼠漆喰《ねずみしっくい》の壁に淡い光を投げかけるアンティークガラスの窓の美しさ。柱や床板の落ち着いた色調。きっとこのカフェは古民家の魅力を知り尽くした人々が作ったのだろう。

推測は当たったけれど、それ以外のことは何もかも予想外だった。

大和塀は新しく作られたもので、以前は殺風景なブロック塀が家を囲んでいたという。住む人もなく、大

menu（税別）
コーヒー　500円
自家製甘酒チャイ　700円
今月の箸間（あまいもの）　600円〜
むすび膳　1,500円
にぎり野菜寿司膳　1,500円

りげんどう
東京都杉並区松庵3-38-20
03-5941-8664
Cafe 11:00〜17:00（Lunch LO 14:30）
Shop 11:00〜18:00
火休（祝日は営業）
JR「西荻窪」駅より徒歩2分

まるで昔からあったかのような大和塀に囲まれたRe:gendo。1階はカフェ、2階は里山の植物で染めた衣服や生活雑貨のお店

量の家財道具が散乱したまま猫屋敷と化していた古い家を託されたのは、島根県で古民家再生事業を成功させてきた「石見銀山生活文化研究所」の松場夫妻である。

松場氏らは大改修のために島根県から古材や廃材を運び込み、職人たちを東京に呼び寄せた。そして〈復古創新〉の理念に基づいて残すべきものを選び、現在の技術を駆使して丹念に補修しながら新たな魅力を加えていった。庭先の安普請《やすぶしん》の小屋を取り払い、元の建物に合わせて新しい部屋を増築。新旧の柱に柿渋《かきしぶ》や蜜《みつ》蝋《ろう》を塗り重ねて色を統一した。

こうして見事に創造された「Re:gendo」には、戦前にこの家で暮らした家族の夢と、現代人が思い描く住まいの夢、そして東京と島根とが幸福に溶け合っているのだ。

21

モモガルテン

桃園川のせせらぎが聞こえた長屋

中野坂上

水色の日傘をさした親子連れとすれ違いながら緑道をたどっていくと、大きな柿の木や棕櫚《しゅろ》に護られた瓦屋根が見えてくる。戦後間もない頃、桃園川《ももぞのがわ》のほとりに建てられた二軒長屋だ。いま、川は暗《あん》渠《きょ》となって地下を流れ、住まう人もなく放置されていた長屋はカフェとして街の人々に親しまれている。

引き戸を開けると、ちょうど店主の嘉山さんがスパイシーカレーの仕込みを始めるところ。四時間かけてじっくりとペーストを作るのだ。

長年ケースワーカーとして活躍してきた嘉山さんは、隣のアパートを自立支援施設として建て替えて運営にも関わってきた。その際、大家さんにこの長屋もどうぞと提供されたのがカフェの始まり。ご近所のお年寄りに居場所を作りたかった、と嘉山さん。そのあたたかな心が、老若男女にくつろぎを与えている。

● menu（税込）

コーヒー　500円
紅茶　500円
パウンドケーキ　400円
トーストサンド　500円
インド風スパイシーポークカレー　800円

● ももがるてん

東京都中野区中央2-57-7
03-5386-6838
11:00〜18:00
月・火・水休
東京メトロ・都営線「中野坂上」駅より徒歩12分

上／2013年にカフェとしてオープン。築70年を経た屋根は雨漏りが始まり、一部ビニールシートで覆われている
右上／テラスのビオトープにはメダカが泳いでいる。かつての川のせせらぎも小さく再生されているのだ
右下／チーズケーキ（400円）とモモガルテンブレンド（500円）

22

美食同源 CAFE KEATS

心と身体が喜ぶおいしさ

祐天寺

東京の街角は多産多死。趣向を凝らしたお店が次々に生まれては数年で消えていく。そのスピードと古民家に流れる悠然とした時間の落差に、いつもほんの少し目眩《めまい》を感じてしまう。

「KEATS」は蔦に覆われた二階建ての木造家屋を居心地よく改装したカフェ。

「築八十七年になると聞いています」

店長がそう教えてくれた。東急東横線の開業から五年ほど後のことだ。五十〜六十年前には一階が煙草店で、二階に高齢の女性が一人で暮らしていたという。

家の歴史が再び動き始めたのは、二〇一〇年のこと。改装して飲食店が作られ、二〇一六年にさらなる改装を加えてこのカフェがスタートした。こげ茶色の昭和と白い現代が同居する空間は、増改築で生まれた複雑で不条理な凹凸が魅力的。化学調味料を使わないおいしさを求める人々に親しまれている。

上／最初に雑穀カフェ、次に韓国料理店となり、2014年に美と健康をテーマにしたKEATSが入居。2016年に店名を変えて現在の形になった
右上／夕食のコースのお客さまは2階に案内される。昭和の風情が最も濃く残る空間
右下／契約農家から届く新鮮な野菜をスーパーフードのドレッシングで楽しむ「スーパーベジプレート」(1,300円)

● menu（税別）

オーガニックコーヒー　500円
オーガニックティー　500円
豆乳マカのチーズケーキ　630円
おつまみ3種盛り合わせ　580円
KEATS魚プレート　1,300円

● びしょくどうげんかふぇ きーつ

東京都目黒区祐天寺2-8-12
03-6451-0672
11:30〜22:00(LO 21:30)
月休
東急線「祐天寺」駅より徒歩5分

23

古桑庵

四世代が暮らした家
庭の眺めに心和んで

自由が丘

上／古桑庵の名付け親は夏目漱石の娘婿・松岡譲
下／古桑庵風抹茶白玉ぜんざい（950円）にはお口直しの昆布が添えられる

「古桑庵」という木札に誘われて、ゆかしい風情の庭に足を踏み入れると、そこは昭和生まれの人間にとって原風景にも似た世界。松にもみじ。つくばいの縁には柿の実。飛び石をたどった先に入口があり、靴を脱ぐと左手の母屋へ案内された。

家は住まう人のライフスタイルと強く結びつき、人生の段階に合わせて増築・減築されていく。かつてはこの家に四世代の家族とお手伝いさん一人が暮らしていたそうだ。

「曽祖母と祖父母、両親、それに私たち子ども二人の七人家族でした。私たちが成長すると個室が必要になって、昭和半ばに離れを作り、中二階に二間を増築しています」と、現オーナーの中山勢都子さん。母屋を建てた渡辺彦さんの孫にあたる。

中山さんの母の渡辺芙久子さんは

木漏れ日が揺れる。左手は大正時代築の母屋、正面は1954年に建てられた茶室

晩年に人形作家となり、年に一度、家をギャラリーとして作品を展示していた。その延長として一九九九年に家の一角でカフェを始めたのだった。そして芙久子さん亡き後、大正、昭和、平成を生きてきた家は中山さんに受け継がれる。

「母は孫のために古布で雛《ひな》人形を作ろうと思って人形作りを始めました。私たちはそれを大雛と呼んで、いまも大事にしています。桃の節句には私が六十年前に買ってもらった雛人形も含めてここに飾るんですよ」

　若い人がカフェを訪れると物珍しげに室内を見回すけれど、私にとっては子どもの頃から当たり前に身近にあったものばかり、と笑う中山さんに、時を重ねた家を保つ秘訣はありますか、とお訊ねしてみた。

「毎日の清掃と、この家を私よりよく知っている高齢の大工さん、それから毎年手入れをお願いしてきた植木屋さんのおかげですね」

　お話を聞きつつ、視線が床の間を飾る刀の数々に吸い寄せられる。

「祖父は剣道の師範でもあり、木刀

上／盆栽にも小さな四季がめぐる
下右／人形作家だった渡辺芙久子さんの作品。季節ごとに展示を替える
下左／名門「東京ローンテニスクラブ」で祖父の渡辺彦さんが撮影した一枚。左は若き日の天皇陛下、右は皇后陛下＊。お二人のサインがある

＊ 2019年5月1日より、それぞれ上皇陛下、上皇后陛下

旧応接間は貸ギャラリーとして使われている。母屋の長押《なげし》には、現オーナーの曽祖父が横山大観に子犬を譲った際に大観から送られたという直筆の礼状も飾られている

● menu（税込）

コーヒー　550円
いちごミルク（焼き菓子付）　550円
アイスカプチーノ（焼き菓子付）　650円
抹茶（和菓子付）　850円
あんみつ　850円

● こそうあん

東京都目黒区自由が丘1-24-23
03-3718-4203
11:00〜18:30
水休
東急線「自由が丘」駅より徒歩5分

が好きで集めていたんです」

じつは注目すべきは木刀ではなく、その後ろの掛け軸のほうだった。なんと夏目漱石が描いた絵なのだという。

祖父の渡辺彦さんは昭和半ばに母屋の横に茶室を建てたが、それに協力したのがテニス仲間だった小説家・松岡譲。夏目漱石の門下生で、漱石の長女に慕われて結婚した人物である。桑の古材を用いた茶室を古桑庵と命名したのも松岡だった。そんなゆかりから、漱石の俳句を正岡子規が添削した手紙も古桑庵に飾られているのだ。

目を閉じていると、この屋根の下で暮らした顔も知らない人々の生活音――祖父が茶筅を回す音や、母がハサミを動かす音、子どもたちの足音が微かに聞こえてくるようだ。

右／元は押入れだった部分にオーディオ装置がうまく収まった。季節や時間帯、お客さまに調和するように選ぶ音楽もカフェの大切な構成要素
下／定番のコーヒー豆は北海道の「豆灯」と姫路の「ハンモックカフェ」から取り寄せる
左／昭和初期に建てられたアパートを改修して2017年にカフェをオープン

24

Hummingbird Coffee

陰影深い空間で心づくしのコーヒー

学芸大学

洗練された空間に上等のコーヒーとスイーツ、丁寧な接客があればそれは特別に素敵なカフェと呼べるのだろうか？　答えは決してひとつとは限らない。

こうありたいと考えるカフェに近づくためにはどうすべきなのか、店主の吉村健さんはいつも自分に問いながら一人ひとりのためにコーヒーを淹れている。同じ注文でもあの人には濃厚に、あの人にはすっきりと。交わした言葉から好みを把握し、季節にも合わせて。

カフェ全体の空気感も、人と場面によって精妙に整えている。たとえば、読書に耽るお客さまだけの静かな店内に二人連れが入ってきてお喋りを始めたら、もう少し小さなお声で、と丁重にお願いすることもあるけれど、開店直後から穏やかに談笑

Open
Hummingbird coffee

右／コーヒー豆によってハリオとコーノのドリッパーを使い分ける吉村さん。豆によってはネルでも抽出する
左／マンデリン（600円）と、スタッフが作る季節ごとの自家製ケーキ（500円〜）

する人々が何組かいる場合はとくに何も言わない。

臨機応変の判断は難しく、時としてお客さまに「なぜ？」と聞き返されることもある。吉村さんは決して器用ではない言葉で真摯に伝えようとする。「これは自分のわがままかもしれないけれど――」と。

穏やかな時間を支える強い意志とぶれない軸が、このカフェを愛する人々を着実に増やしてきた。

陰影豊かな空間は、増改築を重ねてきた古いアパートの一階にある。元は和室だったのを現代的な洋室にリフォームしてあり、生活感が滲《にじ》んでいたという。

改修はセンスを信頼して「はいいろオオカミ」の佐藤克耶さんに依頼し、イメージを伝えていった。

「物件契約時の書類には築四十五年と書かれていたんですが、それはおそらく増築した部分」と佐藤さん。「壁紙とボードを剥がしたら土壁の中から小舞が出てきて、古い工法で作られているのがわかりました。柱の細さからも判断して、元の部分は築八十年にはなるでしょう」

あたかも、部屋の化粧を注意深く落とし、素肌を出して磨いていくような作業が進められた。砂壁の砂を落とすと灰色の下地が現れたが、その色が魅力的なので、あえて何も塗らずにそのまま使おうと提案。吉村さんが思い描いていたイメージにもぴったりだった。

床を低くして上下に広がりをもたせた店内に、吉村さんが選んだ古い家具や美しいオブジェを配して、居心地のいい空間が完成した。

長く音楽の仕事に携わってきた吉村さん。カフェでも大切な音楽や人と出会ってきたのだという。このアパートとの出会いや、佐藤さんに改修を依頼したことも偶然のなりゆきだった。特別なカフェには、よく素敵な偶然が降ってくるのである。

左／ランプが植物や家具に淡い光を投げかける一角

● menu（税込）
ブレンド珈琲　550円〜
ミルク珈琲　700円
自家製ケーキ　500円〜
小倉バタートースト　450円

● はみんぐばーど こーひー
東京都目黒区鷹番2-15-22
鎌倉荘102号
03-6451-0455
15:00〜23:00（土・日は13:00〜）
木休+不定休
東急線「学芸大学」駅より徒歩4分

右から２番め、短い白い暖簾を下げているのが TENEMENT。右隣は本屋さん

25
TENEMENT

五軒長屋のカフェで天窓の雲を眺める

恵比寿

ひなびた古い商店街の散歩を楽しむ秘訣は、二階に注目すること。いかにも看板建築らしい装飾が残っていたり、独立した建物のように見える三軒がひと続きの長屋であることがわかったりする。

恵比寿と白金高輪の間に延びる白金北里通り商店会は、東京大空襲も都市再開発もなんとか免れてきた稀有なエリア。畳店、青果店、豆腐店などがぽつりぽつりと営業を続けるなか、ひときわ目を引くのが五軒長屋。五つの店舗それぞれに新旧のお店が入居している。

その中の一軒「TENEMENT」に入る前に、道路の向かいから全景と二階の風情をたっぷり鑑賞したい。建てられたのは大正時代だという。

TENEMENTのオーナーは音楽家の猪野秀史さん。店内に流れてい

右上／1階席。改修前の階段は向きが逆で、途中に穴が開いていたという。店内のところどころにあしらわれた鹿のイラストは、オーナーの音楽レーベルのロゴ

右下／チョコレートチーズケーキとカフェオレのセット（850円）。黒豆のチーズケーキなど人気のベイクドチーズケーキは常時8種類を揃える

左／天窓がある2階の小部屋では、オーナーの音楽の対談や打ち合わせがおこなわれることもある

● menu（税別）

コーヒー　450円
紅茶　650円
ケーキセット　850円
サラダランチセット　1,050円
ドライカリー目玉焼きのせランチセット　900円

● てねめんと

東京都渋谷区恵比寿2-39-4
03-3440-6771
11:30〜23:00
定休日なし
東京メトロ「広尾」駅より徒歩10分

た彼の歌を細野晴臣の声と聴き間違えた私に、店長の小森宏子さんは「よく声が似ていると言われます」と笑い、細野さんもご近所なのでカフェに寄ってくれます、とつけ加えた。

　もともと喫茶店好きだった猪野さんたちは、散歩中に出会った五軒長屋の空き物件を改修し、二〇〇二年に魅力的なカフェを開いた。

「内部はぼろぼろでしたが、大工さんが『二階の梁や柱がしっかり組んである。昔の大工仕事はすごい』と言っていて、どこまで手を入れるか判断に迷いました」

　オーナーはどうしても天窓が欲しくて二階に小部屋を増築したのだという。少し不思議なその空間に座ると、頭上をのほほんと雲が流れていくのが見える。都心のエアポケットの中の、さらなるエアポケットだ。

白い壁に蔓が巻きついて、葡萄が実っている。いつかヨーロッパの古い映画でこういう田舎の小さな教会を見たかしら、と思う。

漆喰の壁。斜めに射し込む青白い光線。重たげな燭台。縁の欠けたマリア像——これが築六十年になる二階建ての木造家屋で、元は和室だったなんて信じられるだろうか。

美しい魔法をかけたのはイタリア出身のロシャン・シルバさん。鎌倉で小さな古民家に出会って心惹かれ、最初のカフェ「la maison ancienne」をオープン。次にこの家を改修して一階をパン工房と服飾雑貨ショップ、二階をカフェにした。「光のバランスが大事」と、シルバさんは空間作りを語る。そのために、あえて塞《ふさ》いだ窓もある。仄暗さが存在するからこそ光が際立つのだ。

26 La vie a la Campagne

中目黒

ヨーロッパの田舎暮らしを楽しむ空間

2012年にオープン。ブロカントの木馬が入口で迎えてくれる

全体のテーマは「田舎の生活」。パン作りを始めたのもその一環だ。「日本のパンはバターが多くて、もちもちしてる。イタリアで食べていたような素朴なパンがないので、自分で作ることにしました」

かつての田舎の生活は質素な食事だったはず、とシルバさん。「おもてなしもパンと野菜のスープくらいで、古くなったパンも大事に食べていたと思います」

そんな発想から生まれたのが店名を冠した「ラヴィアラカンパーニュ」。パンをくりぬいてミネストローネとホワイトソースを入れ、チーズをのせてオーブンで焼き上げる。

「古くなっても生きているものを大切に」というシルバさんの言葉は、衣食住すべてに共通するものだった。

右／「ラヴィアラカンパーニュ」とコーヒーのセット（1,500円）
左／2階のカフェに並ぶ古い家具の中には、100年前のものもある

● menu（税込）
コーヒー　600円
ブレンドハーブティー　700円
自家製レモネード　700円
ケーキセット　1,100円〜
日替わりサンドウィッチのランチセット　1,500円

● ら・ゔぃ・あ・ら・かんぱーにゅ
東京都目黒区上目黒2-24-12
03-6412-7350
9:00〜22:00（水は〜18:00）
定休日なし
東急線「中目黒」駅より徒歩6分

右／背もたれに聖書入れの付いたチャーチチェア
左／「好きなものばかり集めた」という店内は細部に至るまで魅力的

27

藤香想

小鳥がさえずる
庭の四季を
愛でながら

要町

改装前は和室だった空間

上右／鳥の餌箱。庭は小鳥たちの天国
上左／2015年2月オープン。奥に広い庭が続いている
下／四季折々の色彩に染まる窓

窓辺に置かれたテーブルの表面が緑を反射して輝いている。この空間の目に見える主役は、窓。美しい庭の四季を慈しむために設けられた大きな窓だ。

目に見えない主役は、江戸の昔から紡がれてきた物語と、舌で感じるごはんの味わい。おつきあいのある千葉県香取郡東庄町《とうのしょうまち》の農家から届くお米や、古い醤油蔵で熟成した生しぼりの醤油がおいしさを支えている。東庄町は店主、本橋香里さんの祖父母の故郷なのだという。

緑豊かな庭の奥には、風格のある母屋がどっしりと構えている。ここで生まれ育った本橋さんは、同じ敷地内に一九五八年に建てられた家屋が空き家になったのを知り、一年間かけて熟考を重ねながら改修してカフェを開いた。

「陸」は国産牛肉を使ったローストビーフ丼のセット（1,290円・税込）、「海」は海鮮丼

「以前はこの庭に藤棚がありました。私の四代前の先祖が、江戸時代から明治にかけてだと思いますが、藤を栽培して街へ花売りに行き、財を成したと聞いています」

カフェの小さなテラスにも藤棚を作りたかったのだが、耐震上の問題で難しく、鉢植えの藤をひとつだけ残しているそうだ。

カフェ経営は未経験だった本橋さん。なぜお店を開いたのでしょう？

「この庭や家を囲ったままにしないで、皆さまに見ていただきながら残せないかなと検討していたんです。昔は毎日ご近所の方々が気軽に出入りして、えんがわに腰かけてお茶を飲んでいたのですが、そういうつながりもなくなってしまいました」

本橋さんは幼少期に四世代が同居する大家族生活を体験している。かつてこの街にあった人と人のつながりを、えんがわのようなカフェで甦らせることができたら——それが「藤香想」の願いなのだ。

開店から四年、カフェはすっかり地域の人に親しまれる場所になった。地元の商店が朝仕入れてくる食材を使った料理を楽しむ人。二階の和室でくつろぐお母さんと赤ちゃん。「雪景色が見たくて」と、庭が真っ白になった日にわざわざ訪れる人。

「きれいな眺めでした。雪の反射で庭が明るくて」

そんな特別な日にカフェで交わす言葉は、人と人の距離をいつもより近づけてくれるようだ。

本橋さんは文化財の保存活動にも携わっている。カフェから歩いて五分ほどの場所に残る豊島長崎の富士塚は、江戸の庶民信仰を伝えるもの

上／壁はギャラリーとして活用。要町は昭和初期に芸術家の卵のためのアトリエ付き借家が多く建てられ、「池袋モンパルナス」と呼ばれた。そんな歴史に重ね合わせて、イベントも多数開催している
下／改修の際に天井を取り払い、梁をむき出しにしている

として、国の重要有形民俗文化財に指定されている。

「どう未来につなげていくか、街とつながりながら考えていきます」

藤と富士。この場所にはふたつの〈ふじ〉への想いが受け継がれているのだ。

● menu（税込）
コーヒー　540円
和紅茶（ポット）　700円
あかね餅　540円
自家製ピクルス　480円
「海」海鮮丼のセット　1,290円

● とうかそう
東京都豊島区要町1-38-11
03-6909-4602
11:30〜21:00
火休
東京メトロ「要町」駅より徒歩5分

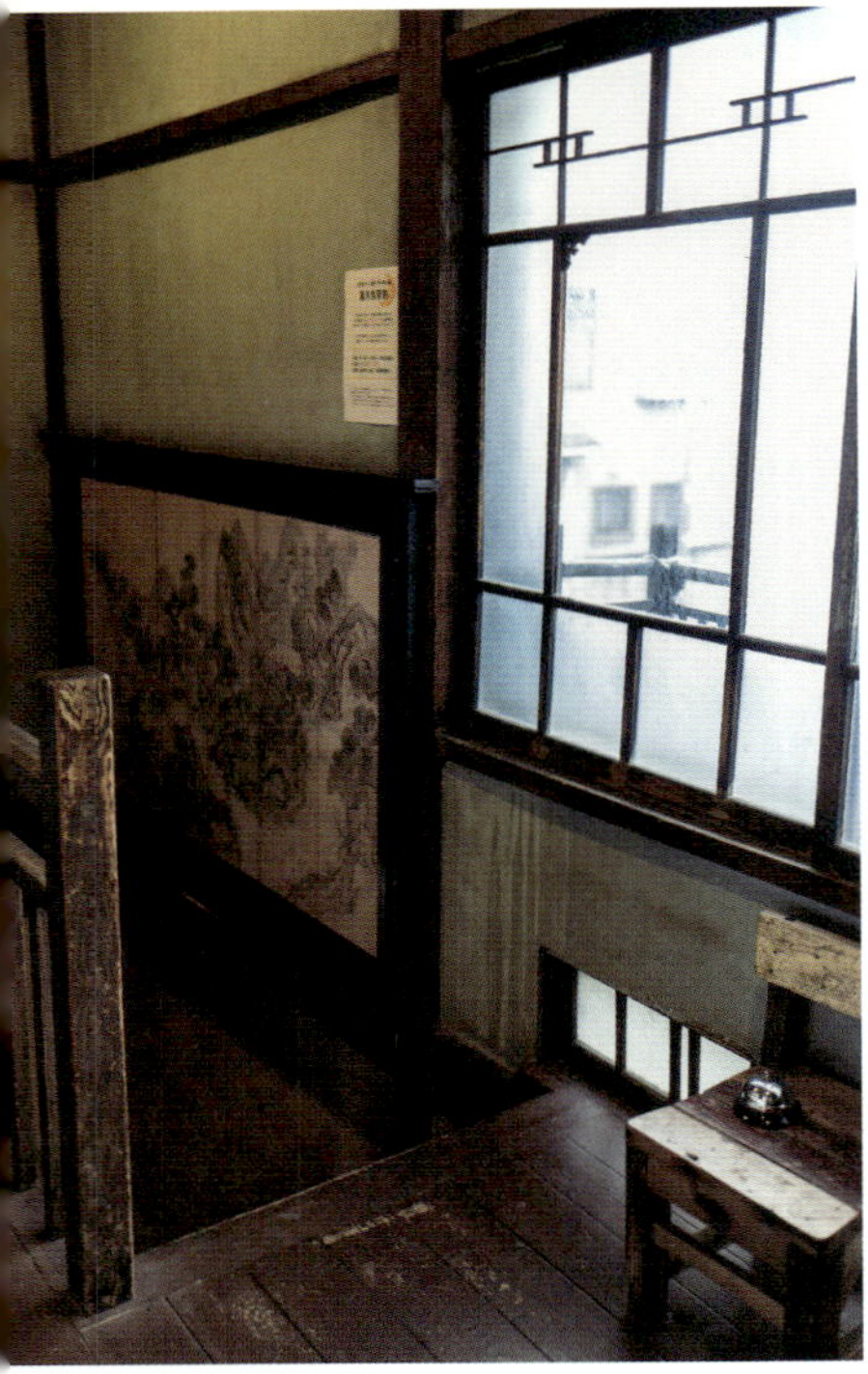

かつては宿泊する旅人が上り下りした階段

28
蓮月
長年愛されてきたお蕎麦屋さんの物語を受け継ぐ

池上

抹茶白玉あずきアイス（650円）と「蓮花茶」（600円）

池上本門寺の鐘が朝夕に聞こえる静かな門前町。総門のほど近くに、「蓮月」は九十年近い歳月を耐えて立っている。風格の漂う照り屋根が、元は宮大工が建てた宿坊だったという来歴を物語る。藍色の暖簾をくぐる前に、その素晴らしい佇まいにすっかり魅了されてしまう。

店内の印象を決めているのは、昔のままの建具や天井、屋根の付いた帳場だ。ガラス戸に残る「名代おそば」の文字。壁にはぼろぼろになった蕎麦の価格表。この建物はカフェとして再生されるまで、お蕎麦屋さんとして使われていたのだ。

「蓮月では夕方から時間がぐにゃりと歪むんですよ」

オーナーの輪島基史さんは言う。

「時計の一分が十分になって、ぼーっとしているうちに誰でもない

お蕎麦屋さん時代には畳敷きだった空間を板張りにリノベーション

自分になっている」

自分から解放されて空中を漂う。そんな摩訶不思議な宵《よい》が、蓮月にはたしかに訪れるような気がする。

不思議といえば、リスクの大きい古民家でのカフェ開業を引き受け、献身的に運営してきた輪島さんの行動原理も小さな謎をはらんでいたのだが、今回の取材で納得できたように思う。

まず建物の来歴と、輪島さんが蓮月のオーナーとなった経緯をご紹介したい。一九三三年の建築当初は宿坊として使われ、戦前に初代のお蕎麦屋さんが入居。一階は店舗兼住宅、二階は旅籠《はたご》だったらしい。その後、建物は幸運にも空襲と火災を生き延びて、一九五九年に二代目のお蕎麦屋さん「蓮月庵」が開業。以来、本門寺の参拝者が立ち寄る食事処とし

格子窓を通った陽光が、カウンターや床の上に素晴らしい模様を描き出している

て、また二階は地元の人々の集会所として五十五年間にわたって親しまれてきた。

二〇一四年、そのお蕎麦屋さんのご主人が高齢となって惜しまれつつ閉店する。すでに建物も傷みが激しく、解体してマンションを建設する計画が持ち上がっていたという。

歴史が刻まれた貴重な建築物をなんとか残せないものか――そう願う地元の有志が保存プロジェクトを立ち上げた時、知人に声をかけられて参加したのが輪島さんだった。

当時は蒲田で古着店を営んでいた輪島さん。若い子が洋服ではなく話を目当てにお店に通ってきたそうだ。きっと輪島さんが冗談も悩みも受け止めて、彼らの居場所を作っていたのだろう。たまたま古着店を閉店したタイミングで、難航していた保存

中庭の緑に目も心も和んで。初夏には紫陽花が彩りを添える

プロジェクトから「店長としてカフェ再生を実現してほしい」と依頼されたのは運命だったのかもしれない。人々の居場所となるような飲食店をいつか開こうと考えていた矢先だったから。

輪島さんはみんなの願いを叶えるために改修工事や困難な交渉、スタッフ集めに奔走した。多数の人々の協力を得て、二〇一五年秋に見事な外観を保ったカフェ蓮月をオープン。コンセプトは〈家族〉だった。

カフェが人気を博してからも、輪島さんは町内の高齢者の会合に積極的に顔を出して交流を深めたり、蓮月のテーブルで勉強する学生にドリンクを半額で提供する「自習割」を企画したりと、世代間の結び目のような役割を果たそうとしている。次の世代に継承されない限り、蓮月も、

上／壁を飾るお蕎麦屋さん時代の縁起物
左／2階はお座敷。障子の組子が美しい。襖を取り払い、32畳の広間として使っている

土地に脈々と息づいてきた文化も途絶えてしまうのだ。

「自習割の時間に通ってきてくれた高校生に、よくお菓子をあげていろいろな話をしました。『未来を作るのはあんたやで』って」

見事に志望校に入学した彼は、アルバイトを申し出て蓮月でずっと働いているそうだ。

みんなのお父さんのような存在ですね、と言ったら、輪島さんは亡き父上、政一さんの話をしてくれた。

「親父は犬の散歩で公園に行ってたんですが、ある日、母が代わりに犬の散歩に行ったら、公園で会った人に『このワンちゃんを連れたおじさんが草むしりをしてくれたおかげで公園がすっかりきれいになった』と言われたそうなんです」

無償の奉仕や人助けで感謝されて

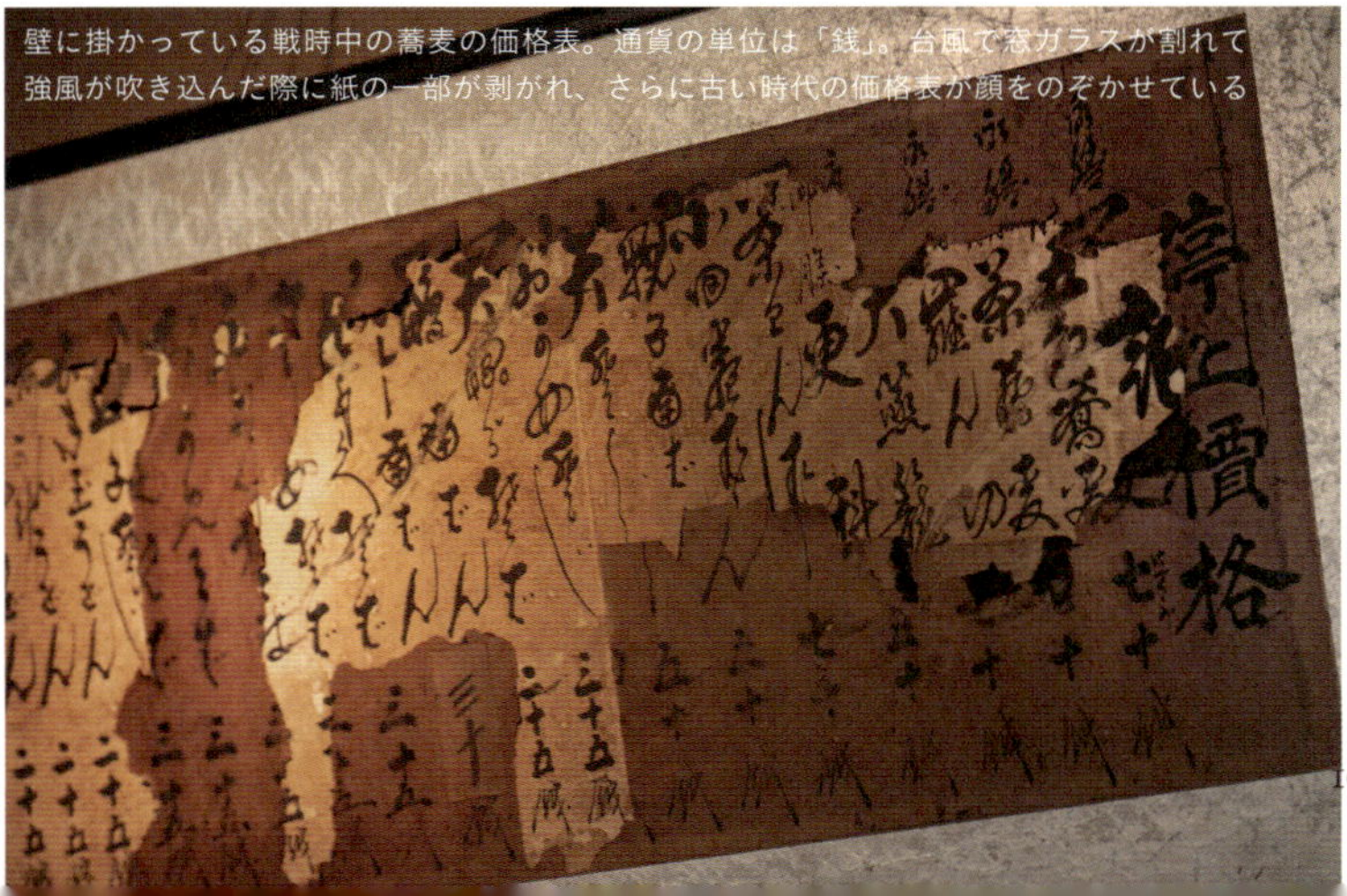

壁に掛かっている戦時中の蕎麦の価格表。通貨の単位は「銭」。台風で窓ガラスが割れて強風が吹き込んだ際に紙の一部が剥がれ、さらに古い時代の価格表が顔をのぞかせている

往年の姿を保つ外観。改修の際も宮大工が腕をふるった

いた父親の逸話の数々を、身近な人たちから聞かされていた輪島さん。年齢を重ねるごとに顔も体つきも父親そっくりになってきたそうだ。おそらくは、考え方や行動も。

引退したお蕎麦屋さんのご主人もカフェに立ち寄る。台風で窓ガラスが割れた時には、ご主人の娘さんが資金の足しになればと、たびたび友人を集めて飲食してくれたそうだ。

● menu（税込）
コーヒー　550円
紅茶　600円
ワッフル　550円
バタートースト　550円
蓮月豆カレー　1,000円

● れんげつ
東京都大田区池上2-20-11
03-6410-5469
10:00〜18:00 (LO 17:30)
不定休
東急線「池上」駅より徒歩8分

29

喫茶 居桂詩

可愛らしさと謎と哀愁と――こけしの小宇宙

千歳船橋

2009年オープン。改修前はシャッターしかなかった開口部に趣のある古い建具を入れて、こけしが似合う空間に

右／お客さまの出入りを見守るこけしたち
下／ランチに人気の「ラタトゥイユドリア」（1,000円）。クリームソーダ（650円）
左／階段裏の小さなテーブルは「自習室」とも「反省室」とも呼ばれる人気の席

本書の中では最も新しい、一九七〇年代に建てられた棟割長屋。厳密にはまだ築五十年に満たないのだけれど、店内で増殖するこけしの総数は五十の何倍もあるし、たいそう魅力的なお店なのでぜひご紹介したいと思う。

以前は洋食店だった空間が、床や天井を剥がしたり、古道具店で調達した建具を取り付けたりの大改修を経て、落ち着きの中に〈えくぼ〉のような愛嬌が光る喫茶空間に変身している。

でも、もしあなたが初めての来店なら、どうぞまだ引き戸は開けないで。店内に入る前にウィンドウディスプレイにご注目。そこで最初のこけしたちが顔見せしている。

「こけしが苦手な人もいるから、店内にこけしがあるとお知らせしたくて」と、店主のまりたまこさんは快活に言う。幼い頃、茶色くなった古いこけしに恐怖を感じた人もいるはずだからと。自分が愛情を注いで集めているものを冷静に眺められるからこそ、店内のこけし尽くしが嫌味

右／焦げ茶色で統一された空間に、こけしや雑貨の色彩が溶け込む
左／２階。和洋の家具が違和感なく組み合わされている

にならず、「こんなところにも！」と、お客さまに宝探しの気分で楽しんでもらえるのだと思う。

引き戸に手をかけながら頭上を見上げると、こっそり、第二のこけしたちがいる。つい笑ってしまう。

一階では設計士がこだわった一枚板のカウンターに、大小のこけしが群生（？）している。狭い階段を上がった先に、ゆったりした空気の漂う二階。押入れの襖を抜いたスペースにも席が設けられているが、どこに座っても、ようこそと微笑みかけるような〈えくぼ〉が見つけられる。テーブルのそれぞれに置かれた可憐な砂糖壺やランプ、植物たち。古道具の清潔感。本や音楽の選びかた。

「自分が好きなものばかり」と、まりさんは笑うが、単に好きなモノを集めただけではこんなお店は作れない。そこで過ごす人のために細やかに心をくばることで、初めて血の通った、愛される空間になる。

「控えめな遊び心があるといいなと思っています。基本的に一人でやっているのでお待たせしてしまうんですが、なるべくそれを感じさせないようにしたいなって」

そのために、書架やカウンターに並べる本も「読んだ人がこのページでクスッとなるかな、と妄想して遊びながら選んでいます」というのはさすがに趣味の領域だと思うのだけれど、そこまでするからこそ多くの人が繰り返し「居桂詩」を訪れて楽しんでいるのだろう。

「神は細部に宿るという言葉、本当にそうですよね」

こけしたちがえくぼを浮かべてうなずいた、と妄想してみる。

● menu（税込）
コーヒー　500円
紅茶　500円
ケーキセット　950円〜
サンドイッチセット　950円
キーマカレーセット　1,150円

● きっさ こけし
東京都世田谷区桜丘2-26-16
03-5477-4533
11:30〜22:00（LO 21:30）、土·日·祝は〜21:00（LO 20:30）
水休
小田急線「千歳船橋」駅より徒歩1分

30

haritts

極上のドーナツは穴まで食べたい！

代々木上原

発酵生地で作るふんわりしたドーナツとスペシャルティコーヒーが人気の「haritts」。一号店は閑静な住宅街の小路を入ったところにある。

人々は入れ代わり立ち代わりやって来てショーケースの前に立ち、真剣かつ幸福な表情でドーナツを選んでいる。

店舗は築五十年近くになるという一軒家だ。外装には手を加えず、室内の床と壁を塗るだけのシンプルな改装にとどめている。

「なるべく〈家〉な感じを残したかったのです。茶色と白のバランスが良かったので、それも変えないようにしました」と、店長の豊田さん。

「新しい建物には出せない、使い込んだ木の雰囲気がありますよね。よくお客さまが『落ち着く』と言ってくださいますが、そういうのはやはり古い家の力なのかなと思います」

● menu（税込）
アメリカーノ　340円
カフェラテ　390円
ドーナツ
　クリームチーズ　240円
　シナモンカレンズ　173円

● はりっつ
東京都渋谷区上原1-34-2
03-3466-0600
09:30〜18:00（土･日･祝は11:00〜）
月･火休　※臨時休業、営業時間の変更あり。公式サイトを確認
東京メトロ･小田急線「代々木上原」駅より徒歩2分

上／2004年に姉妹2人でワゴンの移動販売からスタート、2006年に店舗を構えた
左／こぢんまりしたイートインスペースで、揚げたてのふわふわドーナツを頬ばる
下／雲のように軽やかな食感のプレーン（150円）とカカオプレーン（150円）、台湾茶（370円）

多摩地域の古民家カフェは森や庭の緑に包まれています。古びた建物が語るのは、林業や紡績業が盛んだった時代の記憶。絹や木綿の織物が街道を通って運ばれていく光景を想像しながら、コーヒーを一杯。

第2章

街道沿いの家、森に包まれた家

東京都下の古民家カフェ

31

小机邸喫茶室 安居

文明開化の時代 洋館に憧れた男が 建てた家

武蔵五日市

右／眺めのいい２階のバルコニー。小机篤さんは山桜が満開になり、新緑が芽吹く季節が好きだという
上／２階の窓は壁面によってガラスの大きさが少し違う。小さいガラスは明治時代、ひとまわり大きいガラスは大正時代のもの

ゆるい石畳の坂を上ると、青空の下に白亜の洋館が輝いていた。バルコニーと円柱をもつロマンティックな外観に惹かれて全景をカメラに収めようとしたのだけれど、どうしても玄関前にそびえる一本の巨大な松に遮《さえぎ》られてしまう。

「あの樹は大王松といって大きく成長するんですよ。この時はまだ影も形もない、ほら」と言って明治時代の小机邸の写真を見せてくださったのは十一代目「現役の木こりです」という小机篤さん。

小机家は江戸後期に山林業で財を成し、五日市の近代化に貢献してきた名家だ。この洋館は一八七五年に七代目当主・小机三左衛門が建てた自邸である。

「三左衛門は材木の取引で深川木場に出向いたときに銀座煉瓦街《れんががい》を見か

1875年の擬洋風建築はコロニアル様式の蔵造り！

けて感銘を受け、あれと同じものを、と言ってここを建てたんです。ハウジングセンターで見本を見てきたようなものだよね」

とはいえ、時代はまだ明治の初め。西洋建築の基本を知らない大工さんたちは、伝統の技を駆使して見よう見まねで洋館を施工した。それはまるで和菓子職人が生まれて初めてデコレーションケーキを目にして、生クリームやスポンジケーキの作りかたを知らないまま、和菓子の素材と技術でケーキを再現するような挑戦ではないかしら。

だから正面から眺めると二階建ての洋館でも、横に回ってみれば昔ながらの土蔵の姿をしているのだ。和洋の要素と大胆な創造が入り交じった、少し奇妙で、たまらなく愛おしい擬洋風《ぎようふう》建築。

上／居間の奥の和室でもお茶がいただける
右／篤さん手作りのチーズケーキ（500円）、岡山産の紅茶（600円）

室内の細かな意匠も素晴らしくてちょっと興奮してしまったので、ひとまず喫茶室に入って心を落ち着ける。六十年ほど前に改装された家族団らんのための洋間、そして奥の和室でお茶をいただくことができるのだ。チーズケーキと奥さまが淹れる紅茶の味わいにほっとして、宙に浮いていた足が地面に降りた。

洋間には大谷石《おおやいし》と耐火レンガでできた暖炉がある。

「暖炉の手入れと火おこしは親父がやっていたよ。自分で設計したんだもん。やりたかったんだろうね。天井は煤《すす》だらけになったけど（笑）」

気さくな当主は館内を案内してくださった。最初の見どころは、玄関の土間にある壁。明かり取りの障子を囲んで、二匹のウサギが波しぶきに跳躍するダイナミックな彫刻――

玄関の土間。ウサギと波をあしらった鏝絵に魅了される。左手の和室にともる電燈は、大正時代の当主、小机三造氏が五日市に水力発電所を造り、電気を引くことに尽力した証でもある

と思いきや、なんとこれは左官職人がコテで作った「鏝絵《こてえ》」というものなのだという。どれだけ腕の立つ職人だったのだろう。

「ウサギは三左衛門の干支で、家のあちこちにあしらわれてます」

土間の左手の座敷では、かつて篤さんの祖父母が寝起きしていたそうだ。畳の間《ま》にフランス窓と襖《ふすま》が混在する、まさに和洋折衷の部屋。

「床の間がないんですよ。贅沢してなくて。自分の山の木材を使ってるんだけど、節《ふし》があって商品としては売れないものばかりです」

その堅実さは押入れの襖にも潜んでいた。裏側に張られた和紙に、びっしりと文字が書かれている。

「昔はお習字で使った和紙も無駄にしないで、こういう見えないところに使ったんだね。墨は防虫効果があ

右／2011年5月から居間をカフェとしてお客さまを迎えている。僧が一定期間外出しないで一室にこもって修行する「安居《あんご》」から、ゆったり静かに過ごしてくださいという気持ちで店名をつけた
左／美しい廻り階段

るんですって。生活の知恵だね」

その一方で、二階への廻《まわ》り階段には清朝家具のような装飾がほどこされていて目を奪われる。一段ずつ異なる透かし彫り。手すりの美しい曲線。この階段は造りつけではなく、大八車で運び入れてすっぽり嵌《は》め込んだという。

艶《つや》やかな階段をそっと踏んで、二階を見学する。現在はイベントに使われる広々とした空間だが、かつては箪笥《たんす》で仕切って寝室を設け、篤さんや両親がベッドで寝ていたそうだ。

篤さんは中央に立って天井を指さした。

「梁にひび割れ《クラック》があるでしょ。子どもの頃はこの真下で寝てたんです」

白い梁は一見コンクリートのようだが、松材に漆喰を塗ったもの。

「土蔵と同じ二重梁です。壁に汚れた部分があるのは、関東大震災で落ちちゃって修復した跡。放っておくと、人間の作ったものはすぐ朽ち果ててしまう」

この四十年の間にも三度の大がかりな補修をおこなったそうだ。バルコニーに出て大王松の枝を見上げ、時を越えてかけがえのない家を受け継いでいく人々の心を思った。

● menu（税込）

珈琲　500円
抹茶(和菓子付)　800円
りんごジュース　500円

● こづくえていきっさしつ あんご

東京都あきる野市三内490
042-596-4158
11:00〜17:30
火〜木休
JR「武蔵五日市」駅より徒歩10分

2階から玄関を見下ろす。陽光で明るくなっている部分は土間

32

繭蔵

織物で栄えた町の記憶が眠る大谷石倉庫

東青梅

古くから宿場町、そして織物の生産地として繁栄した青梅。現在の自然豊かで落ち着いた風景からは想像もつかないが、昭和二十年代から三十年代には、布団を包む木綿の生地「青梅夜具地《おうめやぐじ》」の生産が全盛期を

昭和期にはトラックを横付けにして青梅夜具地の積み下ろしをした場所を、美しい庭に変えた。ナナカマドも大きく育ち、赤い実をつけている

迎え、町じゅうに織機の音が響いていたそうだ。

広いギャラリーを併設するカフェ「繭蔵」は、青梅織物工業協同組合が所有する古い倉庫を改修してオープンした。二〇〇〇年、まだ古民家カフェが数えるほどしかなかった頃のことだ。

最初の十年間はなかなか認知が広まらなかったそうだが、重厚な大谷石の空間の魅力と、「ふだんのごちそう」をテーマに地元の豊かな食材を活用した料理がしだいに人気を呼んで、いまでは遠方からもお客さまが訪れるようになった。

大正末期に造られた建物の正式名称は、旧織物発券倉庫。市内で織られた色とりどりの青梅夜具地はすべてこの倉庫に集められ、品質検査を受けた後にトラックで全国に配送さ

上／入口横の壁には、かつての蔵戸が飾られている
右／ランチの「繭膳」（1,600円）は、一汁五菜とごはん、デザートと黒豆茶のセット。この日は期間限定のむかごごはんが楽しめた

2階のギャラリースペースは
屋根の木組みが壮観

上／繭蔵の向かいには青梅織物工業協同組合がある。その広い敷地内に残る旧織物加工工場を「さくらファクトリー」として改装。若い人々がアトリエやショップを構えている
右／工場の片隅に残された織機

れたのだ。

繭蔵代表の庭崎正純さんが「昔はこの倉庫の一階にも二階にも生地が積み上がっていたそうです」と教えてくれた。

「階段がなくて、二階の梁に付けた滑車で生地を引き上げていた。人間ははしごで上り下りしたそうです」

庭崎さんは偶然見かけたこの倉庫に心惹かれ、織物工業協同組合に使用を打診した。三年がかりでプレゼンテーションを十数回繰り返し、ようやく許可を得たそうだ。さらに、改修に一年をかけた。

「内部は荒れていて、床と壁は落ちてましたね。大谷石や漆喰壁はそのまま残しながら、ちょっとモダンな感じに仕上げました」

入口の観音開きの古めかしい扉の内側には、もう一枚、新しい扉がある。ガラス面の流れるような装飾を見て「アールヌーボー的ですね」とつぶやいたら、庭崎さんが「まゆぐらという文字をデザインしているんです」と微笑した。訪れた際には、ぜひ解読してみてください。

ふと頭上を見上げると、驚くほど立派な太い梁が渡されている。

「この木はレッドシダー。洋小屋組という二階の総屋根は大谷石が支えているんです」

青梅の織物産業を守ってきた大谷石の倉庫は、夜具地が生産されなくなった現在もその魅力を後世に伝えている。庭崎さんは繭蔵の向かいに残っていたのこぎり屋根の旧織物加工工場の保存を提案。アートスペースとして再生され、若い作家たちが入居して繭蔵と共に町の記憶と新しい文化を伝えている。

織物を火災から守ってきた
大谷石の壁

● menu（税込）
珈琲　500円
繭蔵特製　黒豆茶　500円
おとうふのムース　600円
菜食プレート　1,000円
蔵膳　3,000円

● まゆぐら
東京都青梅市西分町3-127
0428-21-7291
11:00〜17:00（LO 16:30）夜は要予約
年中無休（年末年始・夏季休あり）
臨時休業・営業時間の変更など公式サイトを確認
JR「東青梅」駅より徒歩8分

33

noco BAKERY & CAFE

のこぎり屋根の工場でパンとコーヒーの幸せ

青梅柚木

「noco」は天然酵母のパンと焼き菓子、コーヒーの深い香りを漂わせるベーカリーカフェ。天井近くの高い窓から一日を通して柔らかな光が回る空間は、かつては青梅夜具地の織物工場だった。

オーナーは佐藤晋里さん・えり奈さん夫妻。晋里さんは自家焙煎珈琲の名店「ねじまき雲」の豆を挽き、

右／コーヒー（500円）、ライ麦と石臼挽き全粒粉のパンペイザン、レーズン・カレンツ・ナッツ入りライ麦パン、お芋パン（240円）、リンゴのパン（380円／2個入）
中／新しい扉は、この場所を借りていた「椿堂」の木工家具作家が作ってくれた
左／のこぎり屋根の窓からの採光

直伝の抽出方法で珈琲を淹れる。えり奈さんは毎朝三時にキッチンに入り、液体天然酵母《ルヴァンリキッド》で発酵させたパンを焼き上げる。ジャムやクリームもすべて自家製だ。

「パンを教えてくださったかたが十八年間継いできたルヴァンリキッドを種継ぎしながら使っています。娘がアレルギーなので、自分で作るしかないんだなと思って」

その素直で豊かな風味、しっとりした食感が人気となって、遠方からも買いに来る人々がいる。そしてカフェスペースでとびきりの珈琲と、えり奈さんが母上のレシピで作るチーズケーキを味わっていく。

だが、nocoの魅力はそれだけでは語り尽くせない。夜具地が織られなくなった現在も、この場所では日々、物語が織り続けられているのだ。縦糸と横糸が織りなす文様は、たとえば、のこぎり、ばね、ねじ。

のこぎり屋根と呼ばれる北向きの三角屋根は、直射日光を避けて一日中安定した光を工場の奥までたっぷり採り込むための工夫である。織物工場が閉鎖された後はばね工場に変わり、やがて空き物件となったが、その佇まいに惹かれた木工家具作家が借りて、工房とした。

そこから物語は次の章へ飛ぶ。


二〇一四年の晩秋のある日、私は敬愛するねじまき雲の店主から、元ばね工場に、ねじまき雲の珈琲豆を使ったベーカリーカフェが誕生する予定だという話を聞いたのだった。

「工場の部材には百年以上前の味噌蔵の梁も使われているそうなので、眠りから覚めた菌たちと酵母のダンスが始まるのかと思うと楽しみです」と、ねじまき雲店主。

「不思議な縁で、ばね工場を借りていた木工作家も、改修工事のデザインをしているかたも、ねじまき雲のお客さまです。まるで小説のような、というかすでに『自由高さH』*という小説になっている場所なのです」

私は店名を聞くのを忘れたまま、その小説を取り寄せて読んだ。そうして数年後、noco の取材の折に佐藤夫妻に一冊の本を差し出されて飛び上がったのだった。自由高さH。あの場所が、ここだったとは！　の

上／珈琲を抽出する晋里さん。長年グラフィックデザイナーとして活躍してきた
下／雑貨や花のしつらいが美しい。店内の一角には古いばねもオブジェとして飾られている

北側の広い空間はイベントスペースとして使用

＊『自由高さH』穂田川洋山（文藝春秋）

●menu（税込）
カフェオレ　600円
紅茶　500円
濃厚チーズケーキ　400円
ベーグル　180円〜
季節野菜のピッツァ　350円

●のこ べーかりー&かふぇ
東京都青梅市柚木町2-332-2
0428-27-5456
11:00〜16:00
火・水休
JR「二俣尾」駅より徒歩14分

パン・ド・ミやベーグル、セミハード系ブレッド、スコーンなど20〜30種類が並ぶ。材料は国産小麦粉とよつ葉バター、きび糖、カンホアの塩など

こぎり屋根のノコ。

　仕事と暮らしを真摯に考える人と人の間に、縁の糸は紡がれていく。「おいしい」と「嬉しいね」が同時に感じられる場所にしたいという二人。えり奈さんが子ども時代の思い出を聞かせてくれた。

「母がお店をやっていて、夕方いっしょに帰るんですけど、いつも私のコートのポケットにキスチョコを入れてくれて。探って食べるのが嬉しくて、今でもずっと心に残っているんです」

　いまやnocoというお店が、ポケットの中のチョコのような存在へと成長している。nocoのパンが大好きだという小さな常連客が、たどたどしいひらがなの手紙をくれたという。のこぎり屋根の下で、優しい物語の次の章が始まっている。

右／地元の新鮮野菜や長野の食材で作る人気のランチ（10:00～LO 14:30）は日替わり。メインとデリ5種、ドルチェとドリンクのセット（1,500円）。満席の日もあるので予約が安心
下／キッズスペースを併設した古民家むく。2018年2月にオープン

34

MUKU Cafe

長野の古民家を移築
子どもを見守る家

青梅新町

「新しく建て直すほうが費用は安かったのですが……」と、古い建物の大規模改修をおこなったカフェ店主たちは口を揃える。まして移築となれば、古民家を丁寧に解体して、材木を洗浄、移送、そして新しい土地で組み立てるという大変な作業。それでもなお、と考える人だけが実現できるものだ。

「古民家むく」は雪深い長野県の鬼《き》無《な》里《さ》地区にあった古民家を解体、部分再生して造られた複合施設だ。一階はカフェ、二階は注文住宅やリフォームを手がける「健幸工房シムラ」のオフィス。隣のスタジオ棟は「あそび場むく」として子どもたちに開放されている。

　カフェの半分以上は靴を脱いでくつろげるスペースで、昼間はたくさんの親子連れに親しまれている。壁

欄間や箪笥も長野から移送している。天井の高い空間を、冬は薪ストーブが暖める

● menu（税込）

珈琲　400円
ハーブティー　400円
ガトーショコラ　500円
ポトフプレート　1,100円〜
キッズプレート　300円

● むく かふぇ

東京都青梅市新町5-4-8
0428-33-9558
10:00〜16:00
Dinner 17:00〜21:00（土･日）
水休　JR「小作」駅より徒歩23分

には木製の美しいおもちゃ。吹き抜けの装飾に目を凝らしていると、知らない間に足もとに立っていた女の子に無言で木の球を差し出され、ふたりでおもちゃに熱中した。

「子どもたちが成長した時に『幼い頃に遊んだむくのような家を建てたい』と思ってもらえれば」と、企画スタッフの小澤さん。保育士の資格もおもちだ。

シムラは無垢の木、自然素材でできた家の魅力を伝えるために、「古き良きものの継承」を掲げて古民家プロジェクトを立ち上げた。長野で出会った古民家は築百年以上と言われており、急勾配の屋根裏は蚕室。一階には囲炉裏《いろり》が残っていた。

古材と新材を組み合わせて完成したむくは、授乳室やあそび場を備えた、子どもたちに優しい場所だ。

35

耕心館

多摩の歴史を語る豪農の家

瑞穂町

旧家の風格が漂う門の左手には井戸が残る。敷地内には4つの井戸があり、醤油造りや飲料水に使われた

マユハケオモトの花。庭ではボランティアの人々が100種類以上の山野草を育てており、花の撮影を楽しむ人も多い。庭にクマガイソウが群生しているのは、東京都下ではここだけとも言われる

レストラン時代の華麗なシャンデリア

屋根付き板塀が続く敷地に、江戸末期の豪農・細渕家の母屋や土蔵が残されている。持ち主が手放した後に瑞穂町に買い取られ、二〇〇一年から文化イベントの舞台やカフェとして親しまれている。

門をくぐって母屋に入ると、まず目に飛び込んでくるのは吹き抜けの階段と煌《きら》めくシャンデリア……少しとまどう。豪農という言葉とのイメージの落差に。

カフェでコーヒーをいただきながら、館長の高橋さんと隣にある郷土資料館の滝澤さんにお話をうかがう。まず、豪農・細渕家の歴史から。

「耕心館の東側には日光街道があります。これは八王子千人同心が日光東照宮に通った道です。街道が整備されると、一旗あげようという人たちが街道沿いに進出しました。細渕家は一七〇〇年の初めという比較的早い時期にこの地に居を構えていて、大きな街道沿いの家という意味で『大海道』と呼ばれました」

耕心館の東門には『大海道』と書かれた額が掲げられている。この家の歴史は多摩地区の産業と生活の変遷を物語っているのだ。

「歴代の当主が財を成して名主、戸長を務め、明治二十二年に元狭山村が誕生すると村長も務めました」

細渕家は明治から大正にかけて養蚕に取り組み、母屋の天井をかさ上げして二階から四階を蚕室としたそうで、いまも耕心館の二階にはその面影が見てとれる。

やがて昭和に入り養蚕業が下火になると、桑畑を茶園に変え、製茶業や醤油造りを始めた。

「昭和十五年の電話帳には細渕家の

上／上品なレストラン空間をそのまま「喫茶ストーリア」として利用
左／コーヒー（390円）。食事メニューはビーフシチューが人気

かつては蚕室だった2階フロアにグランドピアノが置かれ、人々が音楽を聴きにやってくる。小屋組みの太い木材が圧倒的な存在感

職業が『醤油製造業』と書かれています。耕心館の事務室は当時の店蔵です。またどこよりも早く機械茶の製法を導入したのも細渕家でした」

家業が変わるたびに建物が新築され、蔵の用途も変化していく。

戦後はレンガ製造に挑戦した時代

＊2019年5月1日より、上皇上皇后両陛下

平成25年、天皇皇后両陛下*が行幸啓され耕心館で養蚕関係の展示と庭の山野草をご覧になった。庭にはその記念樹がある

● menu（税込）
アイスコーヒー　420円
狭山茶　390円
りんごのタルト　460円
ホットサンド　670円
パスタ各種　700円

● こうしんかん
東京都西多摩郡瑞穂町大字駒形富士山317-1
042-568-1505
10:30〜21:00（LO 20:30）
第3月休（祝日の場合は翌火休）・年末年始休
JR「箱根ヶ崎」駅より徒歩20分

もあったそうだ。いまも耕心館の西側に焼成窯の高い煙突が残されており、夜間には照明に浮かび上がってモニュメントのように見える。

資料館の「伝承の広場」には樹齢三百年以上の大ケヤキが枝をひろげているが、昭和四十年代にはその南に細渕家のダンフスマ工場があったそうだ。

「好景気に乗って公団住宅が急増し、新建材の製造が間に合わないほどだったんです」

レンガの時代から新建材の時代へ。平成になって母屋を改造し、高級フランス料理店を開業。現在のカフェのインテリアは当時のままだという。この家は、そして私たちはいま何の時代を生きているのだろうかと、感慨深くシャンデリアを見上げた。

36

茶寮おもだか

端正な一軒家で韓国料理とコーヒーを楽しむ

府中若松

人見街道沿いに立つ一軒家の庭先に、薄青い夕闇がゆっくり降りてくる。門をくぐり、よく手入された庭を見ながら玄関まで歩いていくと、壁際に重たげな鬼瓦が置かれていた。中央の家紋は、丸に立沢瀉《たちおもだか》。かつては屋根の先端から家族を見守っていたのだろう。

こんなに和の造りなのに、出てくるのは韓国家庭料理。

「よくお客さまに訊かれます」と、夫婦でカフェを営む河内さんは笑う。

「料理を担当している主人が韓国出身なんです」

一八七〇年に建てられたという家屋は、河内さんにとっては思い出の多い場所。かつては祖母や両親とここで暮らしていたのだ。

断熱材が入っていなかった昔の家の常として、冬はとても寒く、室内でも氷が張ったという。

「朝起きたらまず母がヒーターやストーブなど、あらゆる暖房をつけて鍋にお湯を沸かしていました。時が経つにつれて隙間風などもひどくなり、住みにくくなったので十年ほど前に引っ越して、ここは空き家になったんです」

その際に父上が「取り壊してしまうのは忍びない。ご近所さんに寄ってもらえるような場所になれば」と、飲食店として使えるようリフォームをおこなったそうだ。

主に改修したのは、現在テーブル席が設けられている土間と、吹き抜けの部分。かつては二階、三階があって蚕が飼われていたのだ。

「私は見たことがないんですが、玄関から二階の穴にはしごで入っていくような感じだったそうです。昔はこのあたりは養蚕農家が多くて、蚕の繁忙期がお盆と重なってしまうの

右／池のある庭から家屋を眺める
上／茶寮おもだか入口の門は改修の際に作られた。
左手に白い山茶花《さざんか》の花が咲いている

右／吹き抜けのカフェスペース
下／「おもだか定食」（1,500円）は、府中産の古代米を加えたごはんに、野菜たっぷりの韓国のおかず5品とサラダ、スープ、キムチ、ドリンクのセット
左／和室やえんがわは店主の子ども時代と変わらぬ姿。カフェとしては使用せず、部屋貸しをしている

で、この地域だけお盆の時期が一般と違うんですよね――という話をお客さまに聞きました」

リフォーム後、最初の二年間は叔父さんがオーソドックスなカフェを営んでいたそうだ。その後、二〇一五年に河内さん夫妻が現在のカフェを始めるとしだいに評判が高まり、満席になる日が増えていった。

地産地消を目標に、ごはんには府中産の古代米も使っている。ランチセットのコーヒーもマシンを使わず、心をこめてハンドドリップ。

「そこは譲れないところですね」

小学生の頃は古くさい家がいやだった、と河内さんはふり返る。

「洋間にあった布のソファは変な匂いがしたし（笑）。なんでうちだけ玄関が引き戸なんだろうとか」

美しい庭には樹齢二百年の老木も

残っている。石垣のそばには桜の木。花の時期には、道に迷ったお客さまに電話で道案内する際、この桜を目印にしてもらうのだ。

●menu（税込）
ハンドドリップコーヒー　400円〜
韓国茶　450円〜
ホットク　600円
ケーキ各種　500円
ランチプレート　1,250円〜

●さりょうおもだか
東京都府中市若松町3-34-1
042-302-3341
11:00〜17:30（LO Food 15:30/Cafe 17:00）
水休、臨時休業あり
西武線「多磨」駅より徒歩10分

上／昼間はこの空間でカレーを味わいたいお客さまが開店と同時に訪れるので、予約がおすすめ。のんびり過ごしたい人は16:00以降にどうぞ
左／緑揺れるアプローチ。庭先のお稲荷さんは大家さんとの約束通り、板塀で囲ってある

37

カキノキテラス

大正時代の家 踊る光と影に 時間を忘れる

八王子

江戸時代の八王子は、織物で栄えた大きな宿場町。花街があった痕跡が現在も黒塀通りにわずかにうかがえる。「カキノキテラス」店主の鈴木孝子さんは「子どもの頃は大門と柳並木があって、真ん中を水路が流れていたんですよ」と振り返る。

そんな一角に残っていたのが築年数百年以上という古民家と、庭の柿の木。鈴木さんは毎日、徒歩二分の通勤の途中でその空き家を眺めていたそうだ。

「当時、実家が経営するスーパーに勤務していたのですが、飲食店を開きたくてカフェスクールに通ったんです。一年間の授業の最後に自分のカフェ計画のプレゼンテーションをする課題があって、『もっと自分がもっている資源を生かしなさい』とアドバイスされました。その時、こ

木立ちの影や光の反射が店内に美しい模様を描き出す

揚げ野菜の彩りも美しい燻製牡蠣カレー（3個入り1,280円／5個入り1,480円）。ランチの一番人気は山形米澤豚のカツカレー（サラダ、漬物小鉢、ドリンク付1,380円）

● menu（税別）
コーヒー　480円
ロイヤルミルクティー　680円
2種のわらび餅　550円
12品目の旬の野菜カレー　1,180円
ステーキ野菜カレー　1,580円

● かきのきてらす
東京都八王子市田町5-1
042-634-8186
11:30〜21:00
不定休
JR「八王子」駅より徒歩15分

の家が思い浮かんだんですね」

翌日すぐに古民家の内部を見せてもらった鈴木さん。高齢の大家さんに何度か交渉し、庭先のお稲荷さんには触らないことを条件に貸してもらうことができた。

「この家は稲城市から移築したと聞いています。大正時代に大家さんのおばさんが八王子に嫁いでくる時に、家から離れるのが寂しくて、建物ごとお嫁入りしたらしいんです」

そんな逸話のある家をセンス良く改修し、欧風カレーを主役としたカフェを開くと、すぐに評判を呼んで行列ができるお店に。工夫を凝らした味と気前のいいボリューム、種類の豊富さが愛されている。

気持ちのいいテラス席には愛犬連れの人々の笑顔。秋になるとその頭上に、柿がたわわに実るのだ。

38

森のアトリエ

自然の懐に抱かれて 滋味豊かな 昼食とおしゃべり

八王子上恩方

手入れをしながら大切に守られてきた築300年の家。内部の間取りは農村部で一般的な田の字型

冴えた青空に陽光がきらきらする日、高尾駅北口から陣馬高原下行きのバスに乗って、三十分間の遠足。目的地に近づくにつれてバス停の名前が民話のような味を帯びてきた。狐塚、力石、夕焼小焼。

下川井野で降りると、山と清流に挟まれて築三百年の大きな家が立っていた。「森のアトリエ」である。

家の左半分と右半分ではあきらかに建てられた時代が違う。和洋折衷ならぬ時代折衷である。まず、梁が真っ黒なほう――左手の築三百年の家屋におじゃましてみた。

座敷とえんがわに、時代を経た茶《ちゃ》箪笥《だんす》や座卓が並ぶ。そこに雑貨や器がぎっしり展示され、お客さまが熱心に見学している。

昭和六十三年に改修された右手の明るい家屋は、予約制のランチを楽

上右／背中合わせになった新旧の柱。古い大黒柱には釿《ちょうな》の粗い削り跡が残り、築年数を告げる。「江戸後期の家はもっと柱が太くて、カンナで仕上げてあるんです」
上左／ランチ（1,000 ～ 2,000 円）は 2 日前までに予約を。店主が畑で育てた野菜のおいしさが好評

訪れた人にゆったり過ごしてほしいと、1989 年に増改築した部分をカフェスペースに

● menu（税込）

コーヒー　400円
紅茶　400円
ジンジャーエール　400円
本日の甘味　400円
ランチ　1,000円～

● もりのあとりえ

東京都八王子市上恩方町4603
090-4383-0387
4～12月の毎月1～15日、
11:00～17:00
（11～12月は～16:00）
月休　※1～3月は休業
JR・京王線「高尾」駅よりバス28分、
「下川井野」バス停より徒歩1分

しむ人々でいっぱいだ。石井里実・美保子夫妻は定年後に自宅を改装し、このギャラリー&カフェを開いた。

「昔から改築に改築を重ねているんです。でないともたないからね。私が小さい頃は茅葺《かやぶき》屋根。囲炉裏と五右衛門風呂もあった」と里実さん。

美保子さんが「今ならそれを活かせるんですが」と続ける。

「水回りも傷んでいたし、当時は子どもが小さかったので、便利さをとって半分壊し、半分残しました」

地元住民のあたたかい協力。作品を展示する作家たち。遠方からのお客さま。「古い家で数々の交流が生まれるのが嬉しい」と美保子さん。

冬は都心よりだいぶ気温が下がるが、コーヒー好きの里実さんにとっては、寒い日に薪ストーブの火の前で飲む一杯が格別なのだそうだ。

右／森と湧水の色を思わせるステンドグラス。主屋と茶室「花侵庵」は国の登録有形文化財に登録されることが決まった(2018年11月)
左／「はけの森美術館」敷地内の喫茶棟として2006年から10年間にわたって営業。1年の休業期間を経て、2017年から新たにカフェがスタートした

39

musashino はけの森カフェ

画家の旧邸で 森と水の色に染まる

武蔵小金井

下右／国産牛スネ肉がとろける「はけの森特製欧風ビーフカレーセット」(1,400円)
下左／秋限定の「小金井パフェ」(600円)には小金井産の栗を使用

雨降りの日。「はけの森美術館」の横の木戸門をくぐると、画家の旧宅へと続く濡れた石段の上に、大きな山茶花《さざんか》の樹がピンク色の花びらを無数にこぼしていた。

カフェは洋画家・中村研一が建てた邸宅をそのまま使っている。戦災で代々木の住居とアトリエを失った中村は、一九五九年、森と湧水に囲まれたこの地に家を建てて移り住んだのだった。

武蔵野の自然と調和した切妻《きりづま》屋根の建物は、高原の別荘を思わせる。建築家の佐藤秀三が設計した、和洋折衷のモダン住宅である。玄関の扉を開けると、この土地の色彩をそのまま写したかのようなステンドグラスの光に迎えられた。

「雨だからお客さまは少ないはず。のんびりしていってくださいね」

はけ（国分寺崖線）の斜面に立つ旧中村研一邸主屋。広大な庭園も美しい

● menu（税込）
アイスコーヒー　500円
アールグレイ（ポット）　500円
ガトーショコラ　500円
塩バニラのシフォンケーキ
　季節のコンポート添え　500円
キッシュとお惣菜盛り合わせ
　プレート　1,200円

● むさしの はけのもりかふぇ
東京都小金井市中町1-11-3
070-4435-4353
10:00〜16:30（LO 16:00）
※美術館閉館期間は11:00〜
月休
JR「武蔵小金井」駅より徒歩14分

スタッフがそう声をかけてくれた。利用者の大半は散策の途中で立ち寄るのだという。

降りこめられ、静けさに包まれて過ごす時間は格別。暖炉とピアノのある居間で、中村家の家庭料理をイメージしたビーフカレーと、地元産の栗を使ったパフェをいただいた。

パリ留学時代から美食を楽しんでいた中村研一は、ノートに数々のレシピを書き残していたそうだ。

「〈たっぷりのバターを溶かす〉という感じのフランスっぽいレシピが多いですね」と、ノートを読んで研究した女性シェフ。小麦粉とスパイスとバターで一からカレーを作っている。

と、若い女性客が入ってきて静かに腰を下ろした。たぶん彼女も〈雨カフェ〉を愛する人なのだ。

40

CAFE D-13、ときどき五味食堂

アメリカンハウスに漂うコーヒーの香り

東福生

横田基地周辺には一九五〇年代～六〇年代に建てられた米軍関係者のための家が少数ながらまだ点在しており、米軍ハウス、アメリカンハウスなどと呼ばれている。

その中の一軒、D地区13号棟でカ

午前中はご近所の外国人のお客さまが多く訪れ、店内で "Have a good day!" "You, too!" の挨拶が交わされる

ケニア・キリムクユ地区で栽培されたスペシャルティコーヒーをハンドドリップで（450円）、ブルーベリーのクリームチーズのマフィン（300円）と

フェを営む五味夫妻は、アメリカンハウスを愛する先輩たちに倣《なら》って家をただ「ハウス」と呼ぶ。

　前庭に影を落としているのは涼やかなアオハダの樹。ハウスの内部は古びた木枠の窓やタイルを大切にしながら、現代的なコーヒースタンドのテイストを加えて居心地よく改修されている。カウンターの前でメニューを眺めて、果実感が楽しめる高品質のコーヒーと、その風味に合わせたマフィンを注文した。

　五味惠さん・恵さん夫妻はどちらも元獣医で、「お好みに合わせたコーヒーを提案するのは、問診と共通点があるかもしれません」と冗談めかして語る。

　異文化の残り香が漂う空間で味わうコーヒーは、いつもより心を遠くに連れていってくれる。コーヒーと

2016年にオープン。常緑のオオイタビに包まれたアメリカンハウス

お客さまは思いおもいに部屋を選ぶ。アメリカンハウスは基地周辺の地主が建てた賃貸住宅。靴を脱がないライフスタイルに合わせた造りとはいえ、部屋の広さは日本的

古いバスルームにハウスの魅力が詰まっている

マフィンを受け取り、「お好きな部屋でどうぞ」と言われたら、つい足音を忍ばせて三つの部屋すべてをのぞいてしまった。

　バスルームの存在が居住空間だったことを雄弁に物語っている。白いタイルに残る錆《さ》びたシャワーヘッド。ガラス窓から侵入しようとする植物の蔓。このバスタブに腰かけて読書していたい。

　かつて動物病院で活躍していた五味さんは、重責を背負った多忙な生活から離れて三年間だけ好きなカフェを開いてみようと、倉庫などの物件を探し回った。庭付きのハウスに出会い、「ここに来たらみんな幸せになっちゃうだろう?!」と感じて契約。ハウスは米軍関係者が去ってから撮影スタジオに変わり、その後は空き家になっていたそうだ。

● menu（税込）
アメリカーノ　400円
自家製ジンジャエール　500円
プリン　350円
バタートースト　200円
D-13 カレー　800円

● かふぇD-13、ときどきごみしょくどう
東京都福生市福生2219-D-13
042-840-9873
8:30〜20:00（日は〜18:00）
木休（祝日は営業）
JR「東福生」駅より徒歩4分

「コーヒーのおいしさは単体で完成するのではなく、時間と空間の中で味わってこそ印象に残るもの。ハウスの時間を気軽に楽しんでほしい」と五味恵さん

「建物に関しては、古いハウスの資材を収集して二十戸以上補修してきた高山さん夫妻に本当にお世話になっています。ハウスとのつきあいかたも教えていただいて。長く住み続けることで初めてわかる魅力がたくさんあるようです」

高山さんは無残な姿で放置されているハウスに出会うと直さずにはいられず、その衝動を「母親へのオマージュ」と語る。母親が横浜や立川の基地内で通訳として働いており、幼少期の高山さんに将校家族の写真を見せながら、それは楽しそうに話をしてくれたのだという。

交流を通して、ハウスが廃墟にもテーマパークにもならず町の生活に溶け込めたら、と願うようになった五味さん。コーヒーのおいしいカフェは、そのための最高の選択肢だ。

著者
川口葉子（かわぐち　ようこ）
ライター、喫茶写真家。全国1500軒以上のカフェや喫茶店を訪れてきた経験をもとに、多様なメディアで執筆中。All Aboutにて「カフェ」をテーマにガイドを務める。
著書に『カフェノナマエ』（キノブックス）、『東京の喫茶店 琥珀色のしずく77滴』（実業之日本社）、『東京カフェ散歩 観光と日常』（祥伝社）他多数。

東京 古民家カフェ日和
時間を旅する40軒

発行日　2019年3月30日　初版第1刷発行
　　　　2019年9月15日　　第3刷発行

著者　川口葉子
発行者　竹間 勉
発行　株式会社世界文化社
〒102-8187　東京都千代田区九段北4-2-29
電話　03-3262-5118（編集部）
　　　03-3262-5115（販売部）
印刷・製本　株式会社リーブルテック

ISBN978-4-418-19209-0

ブックデザイン　阿部美樹子
イラスト　川原真由美
校正　株式会社円水社
協力　石島隆子
編集　大友恵